本书是厦门大学中央高校基本科研业务费专项资金资助项目（20720201062）阶段性成果

超额商誉的经济后果研究

Research on the Economic Consequences of Excess Goodwill

何苏燕　任　力　著

厦门大学出版社
XIAMEN UNIVERSITY PRESS
国家一级出版社
全国百佳图书出版单位

图书在版编目（CIP）数据

超额商誉的经济后果研究 / 何苏燕，任力著. -- 厦门 ：厦门大学出版社，2023.3
（经济新视野）
ISBN 978-7-5615-8938-0

Ⅰ. ①超… Ⅱ. ①何… ②任… Ⅲ. ①商誉－研究－中国 Ⅳ. ①F273.4

中国版本图书馆CIP数据核字(2023)第034130号

出 版 人 郑文礼
责任编辑 潘 瑛 李瑞晶
美术编辑 李嘉彬
技术编辑 朱 楷

出版发行 厦门大学出版社
社 址 厦门市软件园二期望海路 39 号
邮政编码 361008
总 机 0592-2181111 0592-2181406(传真)
营销中心 0592-2184458 0592-2181365
网 址 http://www.xmupress.com
邮 箱 xmup@xmupress.com
印 刷 厦门集大印刷有限公司

开本 720 mm×1 020 mm 1/16
印张 10.25
插页 2
字数 150 千字
版次 2023 年 3 月第 1 版
印次 2023 年 3 月第 1 次印刷
定价 48.00 元

厦门大学出版社
微信二维码

厦门大学出版社
微博二维码

本书是厦门大学中央高校基本科研业务费专项资金资助项目(20720201062)阶段性成果

前　言

近年来，中国上市公司并购重组发展呈井喷之势，高溢价支付已成为上市公司并购重组的新常态，高溢价支付使得上市公司积累了高额商誉资产，并且高额商誉资产中可能包含一定程度的商誉泡沫。在商誉资产快速累积的同时，上市公司高额商誉问题引起了监管部门的广泛关注。2016 年和 2017 年连续两年中国证券监督管理委员会（以下简称证监会）披露的《上市公司年报会计监管报告》统计数据均显示，部分上市公司确认的商誉占并购支付价款的比例较高。2018 年证监会披露的《上市公司年报会计监管报告》则直接指出商誉在初始确认时存在虚高。同时，《上市公司年报会计监管报告》还指出上市公司在商誉减值的披露中存在诸多机会主义行为，而上市公司在商誉减值中的机会主义行为使得初始确认的商誉资产存在虚高这一问题难以得到缓解。在中国商誉资产虚高和商誉减值存在诸多机会主义行为的背景下，有必要探讨虚高的商誉资产会对资本市场、股东行为以及企业行为产生什么影响。本研究以 2007—2019 年沪深 A 股上市公司为初始样本，实证检验了超额商誉对股票错误定价、控股股东股权质押行为以及企业创新的影响。

本书的研究发现主要有以下三点：

第一，超额商誉会对股票错误定价产生影响，其产生影响的原因在于超额商誉会对企业信息透明度产生影响。具体来看，上市公司的超额商誉资产规模越大，则其股票错误定价程度越高。其原因在于，上市公司的超额商誉资产越多，会使得其信息透明度降低，进而导致股票错误定价程度越高。本书进而深入分析了超额商誉对股票错误定价影响的具体方向，研究结果表明，上市公司超额商誉规模越大，越容易导致股价高估并且股价高估程度越高。同时，还进一步研究了高质量审计的调节作用，研究结果表明，高质量审计能有效发挥外部治理机制的作用，提高企业的信息透明度，进而减少超额商誉对股票错误定价程度的影响。最后，研究了高额商誉与超额商誉之间的关联，研究结果表明，当企业拥有高额商誉资产时，超额商誉规模更大；在超额商誉与高额商誉存在上述关系的基础上，超额商誉对股票错误定价的影响具体在拥有高额商誉资产的上市公司中有所体现，拥有高额商誉资产的上市公司信息透明度更低，其股票错误定价程度更高。

第二，超额商誉会对控股股东股权质押行为产生影响，其产生影响的机理在于股价高估。具体来看，当超额商誉规模更大时，控股股东通过股权质押进行外部融资的规模更大。其产生影响的原因在于超额商誉规模越大，会使得股价高估程度越高，进而使得控股股东股权质押的规模更大。该结果表明超额商誉的支付能为控股股东股权质押创造更为有利的条件，进而导致企业愿意在并购交易中支付更高的成本。进一步的研究表明，超额商誉对控股股东股权质押行为的影响在拥有高额商誉资产的上市公司中有所体现上，即拥有高额商誉资产的上市公司股价高估程度更高，进而其控股股东股权质押的规模更大；基于审计质量的异质性分析发现，超额商誉对于控股股东股权质押行为的影响在低质量审计组更显著；基于产权性质的异质性分析发现，相较于国有企业，超额商誉对控股股东股权质押行为的影响在民营企业中更显著。同时，进一步的研究还发现控股股东在超额商誉规模较大时质押股权是高风险行为，因为超额商誉规模越大，股票价格在未来期间大幅下跌的风险增加。

第三，超额商誉会对企业创新行为产生影响，并且其影响因商誉规模、基金持股水平、产权性质的不同而存在差异。具体来看，超额商誉规模越大，会导致企业的创新水平越低。其原因在于：一方面，超额商誉规模越大，企业经营业绩越差，进而对企业创新水平产生负面影响；另一方面，超额商誉规模越大，企业面临更高程度的融资约束，进而对企业创新水平产生负面影响。在进一步的分析中，基于企业截面特征的差异，本书分别从商誉规模、基金持股水平、产权性质三个视角进行了异质性分析，研究发现超额商誉对企业创新的影响因企业截面特征差异而存在异质性，超额商誉对企业创新的影响在拥有高额商誉资产的企业、基金持股比例更高的企业以及民营企业中更显著。

本研究可能的创新主要体现在以下三个方面：

第一，本研究丰富了超额商誉经济后果方面的研究文献。现有的文献多从并购商誉的视角出发，本研究对并购商誉进行了剖析，明确了正是商誉资产高估的部分对股票错误定价、控股股东股权质押行为和企业创新产生影响。

第二，本研究为超额商誉的支付提供了新的解释。商誉可视为企业在产权交易中所支付的成本，本研究基于控股股东股权质押的视角，揭示了较大规模的超额商誉能为控股股东股权质押创造更为有利的时机，即超额商誉的支付可能是企业内部人的自利行为。

第三，本研究基于中国并购重组实践中“高溢价、高商誉”这一背景，深入分析了高额商誉对股票错误定价以及控股股东股权质押行为的影响，使得本研究能更好地服务于中国资本市场的实践，而且也为资本市场上商誉与股权质押双高股出现的逻辑提供了解释。

目 录

第1章 绪论

1.1　研究背景与意义

1.1.1　研究背景

2017 年 10 月，党的十九大报告指出，中国已进入高质量发展阶段。2020 年中央经济工作会议强调，要着力推动高质量发展。企业作为重要的微观经济主体，其高质量发展对于推动经济高质量发展具有重要意义。并购重组是提升企业市场竞争力、推动企业实现高质量发展的重要路径。近年来，中国上市公司并购重组发展呈井喷之势，高溢价支付已成为上市公司并购重组的新常态，使得上市公司积累了高额商誉资产。如图 1.1 所示，我国 A 股上市公司的商誉资产总额在 2019 年达到 12565.88 亿元，而在 2007 年仅有 359.87 亿元，2019 年的商誉资产总额约为 2007 年的 35 倍。虽然

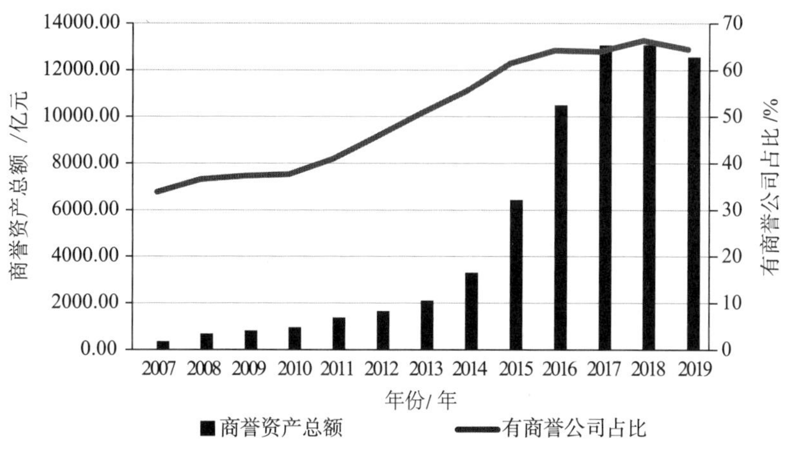

图 1.1　2007—2019 年 A 股上市公司商誉数据统计情况

数据来源：CSMAR 数据库。

2019 年的商誉资产总额较 2018 年有轻微的下滑，但商誉资产总量依然庞大。2007 年拥有商誉资产的 A 股上市公司占所有 A 股上市公司的比重为 29.01%，2019 年这一比重增长到 55.25%。

在商誉资产快速累积的同时，上市公司高额商誉问题引起了监管部门的广泛关注，从 2016 年以及 2017 年连续两年证监会披露的《上市公司年报会计监管报告》的统计数据可以看出，部分企业在并购重组中确认了高额商誉，部分企业甚至将并购所支付价款的 90%以上确认为商誉(中国证券监督管理委员会，2017；中国证券监督管理委员会，2018)。2018 年证监会披露的《上市公司年报会计监管报告》则直接指出商誉在初始确认时存在虚高(中国证券监督管理委员会，2019)。商誉资产减值的频繁爆发，也预示着上市公司商誉资产存在虚高，其中累积了大量的商誉泡沫(即超额商誉)，因此，商誉所代表的未来超额盈利能力大打折扣。

当商誉资产中蕴含商誉泡沫时，商誉资产高估了未来可获得的超额盈利能力，在商誉的后续计量中计提商誉减值的可能性增加(Li et al.，2011)。当上市公司计提商誉减值准备时，一方面会直接导致当期利润减少，另一方面意味着商誉所对应的资产组未来所能带来的现金流下滑，因此，上市公司计提商誉减值准备会对上市公司股票价格带来负面影响(张新民 等，2020)。正是因为商誉减值会对企业带来负面冲击，所以使得上市公司在计提商誉减值时存在诸多机会主义行为，而上市公司在进行商誉减值测试时所具备的较大程度的自由裁量权使得上市公司在计提商誉减值准备时的机会主义行为成为可能，具体体现为当上市公司商誉存在减值迹象时，上市公司通过少计提、延迟计提或不计提商誉减值使得商誉余额相对膨胀(Ramanna and Watts，2012；Li and Sloan，2017；高榴、袁诗淼，2017)。证监会在 2016—2019 年连续四年披露的《上市公司年报会计监管报告》中也明确指出了企业在商誉减值中存在的问题包括随意变更商誉所涉及的资产组或资产组组合、商誉减值的随意性较强等。

在高额商誉、商誉减值机会主义行为普遍存在这一背景下，为了提高商誉资产的信息含量，证监会于2018年出台了《会计监管风险提示第8号——商誉减值》。由此可见，商誉资产可能存在高估，即存在超额商誉，高估的商誉所代表的协同效应难以实现。那么，超额商誉对资本市场会产生什么影响？超额商誉对股东行为又会产生什么影响？超额商誉会对企业行为产生什么影响？现有的文献对于上述问题的讨论不够全面，本研究拟从上述三个视角出发，研究超额商誉对股票错误定价、控股股东股权质押行为以及企业创新的影响。

1.1.2　研究意义

本研究对于超额商誉经济后果的研究具有重要的理论意义及实践意义，接下来分别从理论层面和实践层面对本研究的意义进行阐述。

从理论层面来看，本研究对于超额商誉是如何对股票市场错误定价、控股股东股权质押行为和企业创新产生影响提供了理论支撑。由于忽悠式并购、盲目跨行业并购等非理性高溢价并购的出现，高溢价所确认的商誉资产可能存在虚高，即商誉资产中包含一部分超额商誉。超额商誉即商誉资产中高估了未来可获得的协同效应部分，超额商誉一方面意味着企业在并购重组中支付了过高的成本，另一方面会给企业的经营带来负面影响（魏志华、朱彩云，2019）。除此之外，超额商誉是否会导致股票错误定价？超额商誉是否会对股东股权质押行为产生影响？超额商誉是否会对企业创新产生影响？对于上述问题的解答，现有的文献较为匮乏。本研究拟从股票市场错误定价、控股股东股权质押、企业创新三个视角深入研究超额商誉的经济后果。

从实践层面来看，超额商誉仿佛为企业埋下了一颗“定时炸弹”，商誉“爆雷”的频繁发生拖累了企业的经营业绩，同时也加剧了资本市场的动荡。

创新是引领企业高质量发展的重要驱动力量,超额商誉是否会对企业创新产生负面影响呢?如果是,又是如何产生影响的呢?对于企业来说,全面系统地认识超额商誉对企业创新的影响,会使企业自发地进行理性并购,减少并购重组中的非理性行为,进而减少超额商誉的产生。超额商誉是否以及是如何对股票错误定价和控股股东股权质押行为产生影响的呢?高额商誉与超额商誉之间有什么关联?对上述问题的深入探讨可为监管层对于商誉的监管指明方向,同时也为投资者的投资行为提供指导。因此,本研究对于指导企业行为、监管层的监管行为以及投资者的投资行为均具有重要的意义。

1.2 研究内容与方法

1.2.1 研究内容

本书研究了超额商誉对股票市场错误定价、控股股东股权质押行为和企业创新的影响,并对其产生影响的机理进行了深入探究。从整体上来看,本研究包含7个章节,各章节的主要内容如下。

第1章为绪论。该章主要阐明了本书的研究背景和研究意义,明确了本书的研究内容和研究方法。

第2章为文献综述。该章主要针对本书所涉及的研究内容的研究现状进行总结归纳,主要包括以下五方面的内容:并购商誉研究综述、股票错误定价研究综述、股权质押研究综述、企业创新研究综述和文献评述。

第3章为概念界定及理论基础。该章主要对并购商誉、超额商誉、经济后果的概念进行了界定,并对商誉的初始计量及后续计量进行了说明,同时对本研究的理论基础——信息不对称理论、行为金融学理论以及委托代理理论进行了说明。

第 4 章为超额商誉对股票错误定价影响的经验研究。该章主要研究超额商誉对股票错误定价的影响及其作用的机理，深入分析超额商誉对股票错误定价影响的具体的方向；同时，还进一步研究了高质量审计能否发挥有效的外部治理机制，有效地调节超额商誉对股票错误定价的影响；此外，还研究了高额商誉与超额商誉的关系及高额商誉对股票错误定价的影响。

第 5 章为超额商誉对控股股东股权质押影响的经验研究。该章主要研究了超额商誉对控股股东股权质押行为的影响及其作用的机理。进一步地，本章还研究了高额商誉与超额商誉的关系以及高额商誉对控股股东股权质押行为的影响；分别从审计质量、产权性质两个视角进行了异质性分析，研究发现超额商誉对控股股东股权质押行为的影响因企业截面特征差异而存在异质性。此外，研究表明控股股东在超额商誉规模较大时质押股权是高风险行为。

第 6 章为超额商誉对企业创新影响的经验研究。该章主要研究了超额商誉对企业创新行为的影响及其作用的机理。在进一步的分析中，本书基于企业截面特征的差异，分别从商誉规模、基金持股水平、产权性质三个视角进行了异质性分析，研究发现超额商誉对企业创新的影响因企业截面特征差异而存在异质性。

第 7 章为结论与启示。该章主要针对前文的研究结论进行总结，并在研究结论的基础上提出相应的政策建议。

为了更清晰地呈现本书的研究内容和相应的结构安排，笔者绘制了本书的技术路线图，如图 1.2 所示。

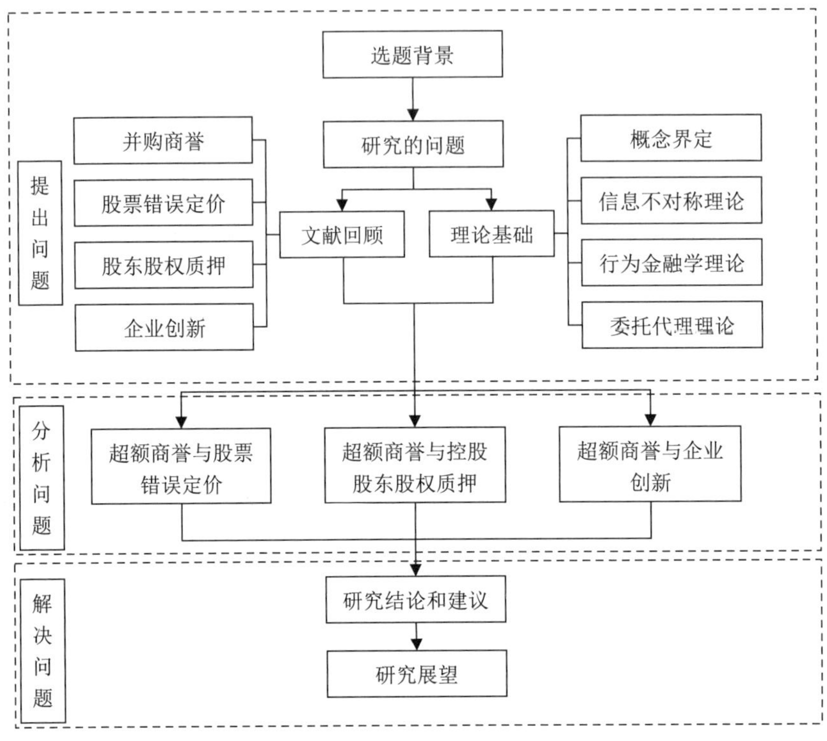

图 1.2 技术路线图

1.2.2 研究方法

本研究主要采用如下方法：

第一，文献研究法。在全面深入地分析现有的关于并购商誉、股票错误定价、股权质押和企业创新的文献的基础上，挖掘现有文献中研究的相对空白地带，找到研究的基本切入点。在上述文献研究的基础上，结合信息不对称理论、行为金融学理论、委托代理理论等基础理论，理清所研究问题的内在逻辑，使得本书的研究构建在坚实的文献分析以及理论基础上。

第二，理论分析与实证分析相结合。本书在研究超额商誉对股票错误定价、控股股东股权质押和企业创新行为影响的过程中，首先通过理论分析的方法，系统地阐述了超额商誉是如何对股票错误定价、控股股东股权质押以及企业创新产生影响的，在严谨的逻辑推理、理论分析的基础上，提出研究假设。其次，为了验证理论分析部分所提出的假设，基于我国A股市场的实践，采用我国A股上市公司的数据，设计计量模型，通过实证分析验证理论分析部分所提出的假设是否正确。通过理论分析与实证分析相结合的研究方法，使得本研究的结论更加具有说服力。

1.3 主要创新

本书基于中国资本市场特定的背景，从股票市场错误定价、控股股东股权质押、企业创新三个视角深入研究超额商誉的经济后果并探索相应的治理手段。本书可能的创新体现在以下三个方面。

第一，丰富了超额商誉经济后果方面的研究文献。现有的文献多从并购商誉的视角出发，本研究对并购商誉进行了剖析，明确了正是商誉资产高估的部分对股票错误定价、控股股东股权质押行为和企业创新产生了影响。

第二，为超额商誉的支付提供了新的解释。商誉可视为企业在产权交易中所支付的成本，本研究基于控股股东股权质押的视角，揭示了较大规模的超额商誉能为控股股东股权质押创造更为有利的时机，即超额商誉的支付可能是企业内部人的自利行为。

第三，基于中国并购重组实践中“高溢价、高商誉”这一背景，深入分析了高额商誉对股票错误定价以及控股股东股权质押行为的影响，使得本研究能更好地服务于中国资本市场的实践，而且也为资本市场上商誉与股权质押双高股出现的逻辑提供了解释。

第2章 文献综述

2.1 并购商誉研究综述

并购商誉是我国资本市场的热点话题之一，大量学者从多角度对并购商誉的相关问题展开了研究。概括来看，主要包括以下几个方面：并购商誉及商誉减值影响因素研究、并购商誉及商誉减值经济后果研究、超额商誉相关的研究。其中，并购商誉及商誉减值经济后果研究主要包括两个方面，即并购商誉及商誉减值对资本市场影响的相关研究、并购商誉及商誉减值对企业经营影响的相关研究。

2.1.1 并购商誉及商誉减值影响因素研究综述

并购商誉与企业在并购重组中的支付方式有关。Gu 和 Lev(2011)的研究揭示了商誉规模的增长与股票价格高估之间的关系，在并购时并购方股价高估是导致并购方商誉规模快速增长的重要原因。谢纪刚和张秋生(2013)从并购支付方式的视角，对比股份支付与现金支付，发现商誉资产高估更容易出现在股份支付时。

并购商誉还与同伴效应、管理层过度自信等非理性因素有关。傅超等(2015)基于创业板上市公司的研究样本，得出企业的商誉规模受同伴效应这一非理性因素的影响。Xu 等(2020)基于中国 A 股上市公司的实践，研究发现同伴效应以及模仿倾向会对企业并购时初始确认的商誉有显著的影响。具体地，行业内其他企业将并购溢价分配给商誉的比例越大，会导致企业将并购溢价分配给商誉的比例越大；企业的模仿倾向越强，会导致企业将并购溢价分配给商誉的比例越大。在进一步的分析中发现，管理层过度自信会导致商誉高估，但是会削弱由于同伴效应以及模仿效应导致的商誉高估。管理层过度自信也是影响商誉规模的重要因素，李丹蒙等(2018)研究发现管理层过度自信的程度会对企业新增商誉规模产生影响，管理层过度自信的程度与企业商誉规模增幅呈现正相关。

关于商誉减值影响因素的研究取得了相对丰富的研究成果。Gu 和 Lev (2011)的研究揭示了在并购交易时股价高估程度与随后商誉发生减值的概率正相关。Ramanna 和 Watts(2012)认为由于商誉当前公允价值的估计依赖于无法验证的假设，管理层会利用商誉当前公允价值的无法验证性来操纵商誉减值，具体地，CEO 薪酬、CEO 声誉和违反债务契约的担忧均会对商誉减值的计提产生影响，若 CEO 的薪酬与商誉减值挂钩，CEO 出于声誉的考虑以及出于违反债务契约的担忧时，均会减少计提商誉减值。Li 和 Sloan (2017)的研究表明在《美国财务会计准则(142 号)》[以下简称 SFAS(142 号)]实施之后，管理层会利用该准则所提供的自由裁量权来延迟商誉减值，进而导致了商誉余额的相对膨胀。Glaum 等(2018)研究发现商誉减值的发生率与经济绩效显著负相关，并且会计和审计力度的执行力会对商誉减值的及时性产生影响，在会计和审计力度执行力比较强的国家，当企业的经济绩效下滑时，商誉减值会更及时。张东旭和曹瑾(2020)的研究表明高管变更时可能利用商誉减值进行盈余管理，高管变更时的商誉减值是新上任的高管为了储备未来利润而进行的盈余管理行为。张海晴等(2020)从业绩补偿承诺的视角出发，将发生重大资产重组的样本划分为三类，即无业绩补偿承诺、有业绩补偿承诺但尚未到期和有业绩补偿承诺且已到期，研究发现相较于前两类样本，存在业绩补偿的公司在业绩补偿到期后的第一年商誉减值的规模更大。

2.1.2 并购商誉及商誉减值对资本市场影响研究综述

并购商誉对资本市场影响相关的研究文献主要包括两个方面，即并购商誉对企业市场价值的影响、并购商誉对股价崩盘风险的影响。对于并购商誉对企业市场价值影响的研究文献，Henning等(2000)研究了商誉与企业市场价值的关系，通过将商誉划分为目标公司持续经营价值、业务合并的协同收益以及对于目标公司的过高支付，研究发现投资者对于目标公司持续经营价值、业务合并的协同收益给予正的市场价值反馈，投资者对于过度支付部分给予负的市场价值反馈，该发现也证实了并非商誉的所有组成部分都是资产。冯科和杨威(2018)的研究发现商誉对于企业市场绩效有显著的、持续正向的影响，但是商誉对于企业市场绩效的影响随着时间的推移而减弱。周泽将等(2019)在上述研究的基础上，研究发现并购商誉对企业经营绩效以及市场价值的影响是通过风险承担水平的变化实现的。

现有的关于并购商誉对股价崩盘影响的研究文献得出了较为一致的研究结论。杨威等(2018)得出了商誉规模与股价风险正相关，但是商誉对股价崩盘风险的影响主要存在于商誉资产规模较高的样本中。在杨威等(2018)研究的基础上，韩宏稳等(2019)进行了进一步的分析，其研究认为商誉与股价崩盘风险之间并不是简单的正相关关系，商誉减值的发生才是股价大幅下跌风险增加的信号，并且大幅度的商誉减值导致的股价大幅下跌的风险更大。Xie等(2020)研究发现相较于拥有并购商誉的企业，没有并购商誉的企业未来发生股价崩盘的风险更大。

商誉减值会对上市公司的股票市场表现产生负面影响。Li等(2011)将商誉减值与股票市场联系起来，其研究发现商誉减值公告后会得到显著为负的异常回报，这说明商誉减值损失公告会使得投资者以及分析师向下修正他们的预期。Jarva(2014)研究发现企业商誉减值公布之后，上市公司的股票市场表现更差。张新民等(2020)研究发现上市公司商誉减值信息的披露会获得显著为负的市场反应；当企业拥有良好的内部控制质量时，商誉减值信息披露所带来的市场负面反应程度减弱。由于商誉减值会对股票市场表现产生不利影响，上市公司存在商誉减值规避现象。从韩宏稳和唐清泉

(2019)的研究可以看出,商誉减值规避意味着企业进行了向上盈余管理,但是这种商誉减值规避行为对企业未来的长远稳定发展是不利的,具体体现为企业未来股价大幅下跌的风险增加。Han 和 Tang(2020)基于中国 A 股上市公司的实践,研究了商誉减值规避对公司未来经营业绩以及股票价格的影响。其研究发现,规避商誉减值会对公司未来的业绩增长产生显著的负面影响,同时也加剧了未来股价崩盘风险,并且规避商誉减值对公司未来业绩增长以及股价崩盘风险的负面影响是持续的。张新民和卿琛(2022)研究发现商誉减值的复杂性以及灵活性会使得上市公司无意或者有意隐藏商誉减值,上市公司隐藏商誉减值的行为会加剧未来股价崩盘风险。

2.1.3 并购商誉及商誉减值对企业经营影响研究综述

现有的文献研究了并购商誉对企业经营业绩的影响,但是得出的结论尚未统一。Chauvin 和 Hirschey(1994)的研究发现商誉对非制造业上市的净利润以及市场价值均有正向的影响,并且认为该正向影响的产生是由于投资者将商誉视为品牌知名度、良好的客户关系以及良好的管理等有利因素的代理变量。郑海英等(2014)以 2007—2012 年 A 股非金融上市公司为研究样本,将商誉视为企业在产权交易中所支付的成本,其研究发现较高的新增商誉会提高企业当期的经营业绩,但是对企业未来的经营业绩却有持续的负面影响,其产生的可能原因是企业对于并购重组交易中高溢价支付具有一定的盲目性,过高的新增商誉可能是企业为了提升当期业绩的短视行为,但是对于并购是不是企业实际经营需要的正确路径缺乏合理的评估。不同于郑海英等(2014)的研究结论,冯科和杨威(2018)的研究发现商誉对于企业经营绩效有显著持续正向的影响,但是商誉对于经营绩效的影响随着时间的推移而减弱。此外,冯科和杨威(2018)的研究还发现商誉对于企业经营绩效的影响会随着商誉的增加而出现反转。李丹蒙等(2018)的研究发现，在管理层非过度自信组，并购商誉对企业经营业绩的正向影响显著，并且新增商誉规模越大，在业绩承诺期满时发生商誉减值的可能性以及规模越大。这一研究表明，管理层过度自信程度越高，商誉资产被高估的可能性越大，进而未来发生商誉减值的可能性越大。

在企业经营过程中，商誉减值的发生会使得薪酬委员会降低 CEO 薪酬。Darrough 等(2014)的研究发现，当企业确认商誉减值损失时，基于现金和期权的 CEO 薪酬显著减少。具体地，其研究发现 CEO 基于期权的薪酬下降是由非研发密集型企业驱动的，而 CEO 现金薪酬下降是由近期收购较大目标、CEO 任期较短的企业驱动的。该研究结果表明，薪酬委员会会让 CEO 为非价值最大化的收购付出代价。

2.1.4　超额商誉研究综述

超额商誉与企业在并购重组中支付过高的并购对价有关(Gu and Lev，2011；杜兴强 等，2011)。现有的文献中，关于超额商誉的度量主要有两种方式：一种是采用商誉的期望收益模型来测度超额商誉(傅超 等，2015；魏志华、朱彩云，2019)；另一种是借鉴 Ramanna(2008)对于异常商誉的定义，采用经行业年份中位数或均值调整的商誉来度量超额商誉规模的大小(郭照蕊、黄俊，2020；许罡，2020)。有关超额商誉的研究主要从超额商誉影响因素以及超额商誉经济后果两个维度展开。

从影响因素来看，现有的文献研究了内部控制质量、审计质量、企业社会责任的履行对超额商誉规模的影响。张新民等(2018)研究表明内部控制质量的提高能够降低超额商誉规模。郭照蕊和黄俊(2020)则从审计质量的视角出发，研究发现高质量的审计会使超额商誉规模缩小。许罡(2020)则从企业社会责任履行的视角出发，研究发现企业社会责任履行状况较好的企业，其超额商誉规模更小。

从经济后果来看，企业超额商誉规模的增加会影响企业对于SFAS(142号)将商誉后续计量改为减值测试的态度。Ramanna(2008)的研究表明，随着企业异常商誉(超额商誉)的增加，企业会游说支持SFAS(142号)对商誉进行减值测试。超额商誉会对企业的实际经营产生影响。魏志华和朱彩云(2019)通过估算商誉资产中高估未来可获得的协同效应的部分(即超额商誉)，研究发现超额商誉规模越大时，企业未来的经营绩效越差。

2.2 股票错误定价研究综述

股票错误定价是资本市场定价效率的重要体现，现有的研究主要从股票错误定价影响因素以及股票错误定价经济后果两个维度展开。

2.2.1 股票错误定价的影响因素研究综述

股票错误定价影响因素主要包括公司外部因素以及公司内部因素。从公司外部因素来看，股票市场制度环境、信息披露等均会对股票错误定价产生影响。卖空限制这一股票市场制度因素会对股票错误定价产生影响。Hong等(2006)通过构建一个离散的多期模型，说明了投资者信念的异质性以及卖空限制会导致股票价格向上偏离其真实价值。其产生的原因包括两点：第一，初始信念会导致股价向上偏离其真实价值，因为此时的股票价格只反映了乐观群体的信念，悲观群体由于卖空限制而无法进行卖空交易；第二，投资者支付的价格超过了对未来股息的估值，他们预期会找到一个愿意在未来支付更高股价的买家。李科等(2014)则基于中国股票市场的实践，研究发现由于卖空限制的存在导致不能被卖空的股票的价格被高估。信息披露会对股票错误定价产生影响，媒体报道是传递信息的重要渠道。游家兴和吴静(2012)认为媒体有情绪的报道会导致资产价格与内在价值的偏离,具体的偏离方向因媒体情绪是正面还是负面而存在差异,正面媒体情绪的渲染容易促成股价高估,但是负面的媒体情绪的渲染并不会促成股价低估。分析师作为重要的信息传递中介,对于缓解股票错误定价具有重要意义。Andrade 等(2013)基于中国股票市场 2007 年的数据,研究了分析师关注度对于股价泡沫的影响。其研究发现,分析师关注度更大的上市公司股价泡沫更小;但是当分析师之间的分歧度更大时,分析师关注度对股价泡沫的影响会减弱。郭白滢和周任远(2019)研究发现正面信息会导致股价高估,并且当机构投资者投资期限越短时正面信息对股价高估的影响程度越大。

从公司内部因素来看,企业内部代理成本以及股权激励计划会影响股票错误定价程度。Pantzalis 和 Park(2014)研究了企业内部代理成本对股票错误定价的影响。其研究发现,企业内部代理成本越高,股票错误定价程度越高;薪酬体系的不合理会加剧内部代理成本对股票错误定价的影响。徐寿福和邓鸣茂(2020)的研究认为管理层股权激励计划的实施会使得上市公司股票错误定价程度提高,其产生影响的机理在于管理层股权激励计划恶化了上市公司的代理问题。

2.2.2　股票错误定价的经济后果研究综述

现有的研究表明,股票错误定价会影响企业投资、并购行为。Baker 等(2003)的研究发现股票错误定价会对企业投资行为产生影响,股价高估程度越大,企业投资规模越大,且该正向影响对于面临较高融资约束的企业更显著。Polk 和 Sapienz(2009)的研究表明股价高估程度与上市公司异常投资正相关,股价高估程度越高,上市公司异常投资规模越大。股票错误定价对企业并购行为的影响尚未得出一致结论。Shleifer 和 Vishny(2003)研究了股票错误定价与企业是否发起并购行为之间的关系，其研究发现若上市公司的股价存在高估，则其更有可能选择发起并购。李善民等(2020)基于中国并购市场的实践，得出了与 Shleifer 和 Vishny(2003)相反的结论。李善民等(2020)的研究发现上市公司在其股价低估时发起并购的可能性更大，上市公司在股价低估时发起的并购提升了上市公司的股票市场表现，但是并没有带来相应的协同效应。

现有的文献还研究了股票错误定价对企业融资、产业结构、商誉减值、股价崩盘风险等的影响。李君平和徐龙炳(2015)研究了股票错误定价对上市公司融资方式的影响，股价高估会使得企业股权融资以及债权融资规模更大，股价高估对股权融资的影响不因上市公司面临的融资约束程度而存在差异，但是股价高估对债权融资的影响在面临更大融资约束的上市公司中更显著。股票错误定价还会对产业结构升级产生积极的影响。陆蓉等(2017)则研究发现股票错误定价对于产业结构升级有积极影响，股价高估越高，会导致产业结构的变动越大，并且股价高估对产业结构的影响主要是通过资本变动效应实现的。股票错误定价还会对商誉减值风险以及股价崩盘风险产生影响。胡凡和李科(2019)研究了上市公司在股价高估时发起的并购对商誉减值的影响，其研究表明上市公司发起并购时股价高估程度越高，未来发生商誉减值的风险越大。其产生的主要原因在于当上市公司股价高估时，会产生更高程度的非效率支付，进而导致未来发生商誉减值的风险越大。杨威等(2020)基于中国资本市场的实践首次提出采用股价高点的锚定比率作为度量股价高估的有效指标，并且股价高估与股价崩盘风险正相关。

2.3　股权质押研究综述

现有的股权质押相关的研究文献的研究角度主要包括股权质押时机选择、股权质押经济后果两个方面。关于股权质押经济后果的研究比较丰富，分别从经营业绩、股价崩盘风险、质押股权后市场主体的机会主义行为、股利政策、高管薪酬业绩敏感性等角度展开。

2.3.1　股权质押时机选择研究综述

现有的研究文献表明，股东会选择更有利的时机来股权质押。李旎和郑国坚(2015)的研究表明当上市公司股票市场回报率上升时，控股股东通过股权质押进行外部融资的可能性增加。徐寿福等(2016)的研究表明，在股票价格存在高估以及信贷环境比较宽松时，此时的市场条件对于股东的股权质押行为更有利，因此股东股权质押规模更大。任力和何苏燕(2020)从并购溢价的视角切入，认为企业在并购重组中高水平溢价的支付为股东的股权质押创造了更有利的时机，股东会利用这一有利时机来进行股权质押。

2.3.2　股权质押的经济后果研究综述

股权质押会对企业业绩、股价崩盘风险产生影响，但现有的研究尚未达成一致结论。关于股权质押对企业绩效的影响有两种截然不同的观点：一方面，李永伟和李若山(2007)研究发现大股东股权质押是其掏空上市公司的方式之一，若股权质押是基于掏空的目的，那么股权质押会使公司价值下降；另一方面，王斌等（2013）的研究认为，由于股权质押后若股价下跌可能导致控制权转移，为了避免这种情况的出现，大股东会努力改善经营业绩。关于股权质押对于股价崩盘风险的影响尚未得出一致结论。谢德仁等（2016）则发现，控股股东股权质押后会导致股价大幅下跌风险的减少。而夏常源和贾凡胜（2019）则得出与谢德仁等（2016）相反的结论，即控股股东股权质押后股价大幅下跌的风险增加，但是信息透明度的提升会降低控股股东股权质押对股价大幅下跌风险的影响。

在企业内部人股权质押后，为了防止股价下跌带来的股权质押风险，与股权质押关联的各方会采取一系列机会主义行为。Chan 等（2018）则从股票回购的视角，研究了控股股东股权质押后为避免追加保证金而采取的机会主义行为。具体地，控股股东股权质押比例越大，则发起股票回购的可能性越大；被质押的股票面临更大的追加保证金的威胁时，其发起股票回购的可能性越大。此外，当控股股东股权质押比例越大或被质押的股票面临更大的追加保证金的威胁时，市场对股票回购公告的反应越负面。任碧云和杨克成（2018）则认为在上市公司大股东股权质押后，其在二级市场上增持的意愿显著增强，这种做法的目的在于防范二级市场股价大幅下跌带来的股权质押风险。股东的股权质押会对分析师的行为产生影响。Wang 等（2018）的研究发现，若上市公司控股股东将股权质押给某一证券公司（质权人），则相较于其他证券分析师，该证券公司（质权人）的分析师对于该上市公司的股票推荐会更乐观。胡珺等（2020）的研究表明控股股东股权质押后企业的慈善捐赠是控股股东为了抬高股价的机会主义行为，具体表现为：当控股股东股权质押规模越大时，企业慈善捐赠规模越大，并且该正向影响在熊市或者上市公司股价接近平仓警戒线时更大。

股东的股权质押行为还会对上市公司的股利政策、高管薪酬业绩敏感性等产生影响。廖珂等（2018）的研究表明控股股东股权质押后选择现金股利分配方案的可能性降低，而选择“高转送”分配方案的可能性提高。

Ouyang 等(2019)的研究表明企业内部人股权质押后，高管薪酬业绩敏感性会显著降低。但是，当企业有良好的内部治理机制以及外部治理机制时，两者之间的负向影响会降低。

2.4　企业创新研究综述

创新是经济增长的重要源泉，国内外学者从多个视角来研究了企业创新水平的影响因素，主要包括金融市场发展、外部不确定性、产业政策、管理层特征、公司治理等。

2.4.1　金融市场发展与企业创新研究综述

现有的研究表明，金融部门放松管制会对企业创新水平产生影响。Chava 等(2013)研究发现金融部门放松管制会对成立年限较短的民营企业的创新水平产生影响。具体地，其从银行业放松管制的视角，研究了不同性质的银行业放松管制对成立年限较短的民营企业创新水平和创新风险影响的差异。其研究认为这类企业的创新水平受到州际银行业放松管制的正向影响，但是受到州内银行业放松管制的负向影响。Amore 等(2013)的研究结论也支持州际银行放松管制会激发企业的创新活力，并且其对于高度依赖外部资本的企业的创新活动的正向影响更大，同时对于位置靠近银行的企业的创新活动的正向影响也更大。融资融券改革完善了我国资本市场交易制度，会对企业创新产生影响。郝项超等(2018)结合我国融资融券这一制度背景，研究了当上市公司股票成为融资融券标的后对企业创新的影响。其研究发现，融资融券均会对企业创新产生影响，但是融资和融券对企业创新的影响存在差异。具体地，融券对企业创新的数量与质量有显著正向的影响；融资对企业创新有显著负向的影响，并且这种影响在创新数量和质量上均有体现。

2.4.2 外部不确定性、产业政策与企业创新研究综述

企业面临的外部不确定性会对企业创新水平产生影响。Caggese(2012)用11417家制造业企业的数据来估计企业面临的经营不确定性对企业风险创新的影响，企业面临的经营不确定性的增加对创业型企业风险创新活动有很大的负面影响，而对其他类型的企业没有显著的影响；进一步的分析发现，对于样本中多元化程度较低的创业型企业，企业面临的经营不确定性的增加对其风险创新活动的负面影响更强。现有的研究表明诉讼风险会影响企业创新。潘越等(2015)的研究认为企业创新受到公司诉讼风险的影响，但是公司诉讼风险对企业创新的影响因企业所在地的司法地方保护主义程度不同而存在差异。具体地，产品诉讼风险的增加会促进企业创新，但是在司法地方保护主义强的地区，产品诉讼风险对企业创新的促进作用会削弱；资金诉讼风险的增加会抑制企业创新，但是企业所在地的司法保护主义强度对两者之间的关系没有显著的影响。

企业所受产业政策支持的差异也是影响企业创新的重要因素。黎文靖和郑曼妮(2016)认为所在行业受到产业政策支持的企业往往会为了寻求政府的扶持而进行策略性的创新。具体体现为：若企业所在的行业受到产业政策支持，会促进企业创新；而根据企业创新质量水平的高低进行分组分析，则发现企业所在行业受到产业政策支持会导致企业非发明专利申请数量显著增加，但是对发明专利的申请数量没有显著影响。这表明产业政策对企业创新的影响主要体现在创新的数量上，产业政策并没有显著促进创新质量的提升。税收是产业政策实施的具体措施之一，Mukherjee等(2017)则从企业所承担的税收负担的角度出发，考察了美国1990—2016年州一级

企业所得税的变动对企业创新行为的影响。具体地，其研究发现，较高的税收负担会抑制企业的创新行为，并且税收负担对企业创新行为的影响不仅体现在专利上，还体现在研发投入以及新产品的引进上。

2.4.3　管理层特征与企业创新研究综述

从管理层个人特征来看，Hirshleifer 等（2012）研究了 CEO 的过度自信对企业的创新的影响。过度自信的 CEO 会进行更大规模的研发投入并且实现更大程度的创新；CEO 过度自信促进企业创新不仅仅是更多资源投入的结果，在给定研发支出的情况下依然成立。但是，过度自信的 CEO 只有在创新型行业才能引领企业实现更大的创新。Cucculelli 和 Ermini（2013）的研究发现，具有风险偏好的 CEO 将更倾向于通过增加研发投入、提高企业创新水平来促进企业发展。Yuan 和 Wen（2018）通过手工搜集的中国上市公司管理层 2000—2013 年的国际工作经历，研究了管理层的国际经验对企业创新的影响。其研究发现，具有国际经验的管理层能促进企业创新水平的提升；具有国际经验的高级管理人员对企业创新的影响比具有国际经验的初级管理人员更显著；国际经历（包括学习和工作）能促进企业创新水平的提升；民营企业中有国际经验的管理者比国有企业的管理者更有创新的主动性；而那些拥有在美国工作的经验的管理者往往比那些拥有在其他国家或地区工作的经验的管理者对创新活动的影响力更大。何瑛等（2019）则从高管职业经历丰富程度的视角切入，研究发现了其对企业创新水平的提升具有正向促进作用。

2.4.4　公司治理与企业创新研究综述

风险资本可能参与公司的经营决策，那么风险资本是否会对企业创新水平产生影响呢？Kortum 和 Lerner(2000)研究了行业内风险投资水平的增加对行业创新水平的影响，研究发现行业内风险投资水平增加会促进行业专利比率的提升，但对于是如何产生影响的并没有说明。陈思等(2017)则基于中国的资本市场实践，研究得出了受风险资本投资的企业的创新水平会更高，其机理在于风险资本投资促进了被投资企业研发人才的引进以及风险资本自身所具备的行业经验和资源的积累。但是，温军和冯根福(2018)的研究则得出了受风险资本投资的企业创新水平会更低的结论，这一结论与陈思等(2017)的研究不一致。多个大股东这一公司治理机制是否会对企业创新水平产生影响呢？朱冰等(2018)研究了多个大股东这一公司治理机制是否会促进企业创新这一问题。其研究发现多个大股东这一公司治理机制并不能有效促进公司创新，反而会导致“过度监督”效应，降低企业的风险承担水平，进而显著抑制企业从事高风险的创新活动；独立董事对于多个大股东对企业创新活动的抑制具有重要的调节作用，若公司董事会中独立董事的比例大于1/3，则董事会的独立性更强，进而能够降低多个大股东对于企业创新的抑制作用。

2.5 文献评述

从文献综述部分可知，并购商誉、商誉减值以及超额商誉问题已成为国内外学者关注的热点，但是相较于有关并购商誉、商誉减值的研究，对于超额商誉的研究还不够全面系统，鲜有文献将超额商誉与资本市场表现、股东行为以及企业行为联系起来。现有的有关并购商誉经济后果以及商誉减值经济后果的研究文献虽然涉及其对股票价格的影响，但是较少对商誉进行剖析，并从超额商誉视角来研究其对股票错误定价的影响。资本市场是一个信息驱动的市场，高效率的信息对于构建高效率的资本市场具有重要意义。然而，正如前文分析中所指出的，上市公司的商誉资产可能存在虚高，当投资者接收到的是虚高的商誉信息时，其投资决策可能存在偏差，进而可能会导致股票错误定价。因此，本书想要研究超额商誉是否以及如何影响股票错误定价。研究超额商誉对股票错误定价的影响不仅丰富了现有的关于超额商誉经济后果以及股票错误定价影响因素的研究文献，而且对于提高资本市场的定价效率进而增强资本市场服务实体经济的能力具有重要意义。

现有的有关并购商誉、商誉减值以及超额商誉问题的研究文献较少涉及这三者对股东行为的影响的内容。股权质押是出质人通过出质其拥有的股权来进行融资的行为。在有关股权质押的研究文献中，对控股股东的股权质押行为关注较多。当控股股东出质其拥有的股权时，若股价下跌，则可能面临较大的平仓风险，严重时甚至会导致上市公司的控制权发生变更。股票价格是控股股东股权质押时机选择的重要影响因素，超额商誉对股票价格产生影响的能力使得超额商誉可能对控股股东的股权质押行为产生影响。因此，本书想要研究超额商誉是否会对控股股东股权质押行为产生影响。研究超额商誉对控股股东股权质押行为的影响不仅丰富了现有的关于超额商誉经济后果、股权质押影响因素的研究文献，而且对于更好地理解控股股东股权质押行为特征以及防范相应的股权质押风险具有重要意义。

此外，从我国资本市场的实践来看，一方面，在非理性高溢价并购盛行这一大背景下，商誉资产往往容易高估未来可获得的协同效应，进而造成商誉资产虚高；另一方面，由于上市公司在商誉减值中有较大程度的自由裁量权，上市公司存在少计提、不计提或者延迟计提商誉减值等机会主义行为，这也会使得商誉资产存在虚高。虚高的商誉资产与其未来可获得的协同效应并不一致，那么在商誉资产虚高这一背景下，我们想要研究超额商誉是否会影响企业的创新水平。在我国经济从高速增长转为高质量发展的过程中，需要以创新来驱动高质量发展。因此，研究超额商誉对企业创新的影响，不仅丰富了现有的关于超额商誉经济后果以及创新水平影响因素的研究文献，而且对于我国经济实现高质量发展具有重要意义。

第3章 概念界定及理论基础

3.1　概念的界定

目前理论界和实务界接受度较高的“商誉”的定义为“预期未来超额盈利能力的贴现值”(杜兴强 等,2011)。根据其取得方式的不同,商誉主要可分为外购商誉以及自创商誉。“商誉”这一会计科目在《企业会计准则》(2006)发布后从无形资产中独立出来。新会计准则中,《企业会计准则第 20 号——企业合并》第十三条明确指出“购买方对合并成本大于合并中取得的被购买方可辨认净资产公允价值份额的差额,应当确认为商誉”(中华人民共和国财政部,2006b)。从我国会计准则对于“商誉”的定义可知,在我国资产负债表中“商誉净额”这一会计科目实质上反映的是企业通过并购重组产生的外购商誉。冯卫东和郑海英(2013b)指出了商誉会计存在的问题,即根据我国现行会计准则的规定,只有当企业发生并购重组时,才确认“外购商誉”。对国内现有的研究文献进行统计可以发现在研究商誉相关问题时出现了“并购商誉”“商誉”“合并商誉”等说法,这实质上均是指企业通过并购重组产生的外购商誉。

杜兴强等(2011)直接指出,按照我国会计准则确认的商誉成了一个容纳各种原因导致的“计价差额”的“容器”,可能存在高估的部分,其中高估的部分主要由未确认的净资产、估价偏差以及代理问题导致的收购价格被高估的部分组成,不应确认为商誉的部分根本无法为企业未来带来超额盈利能力。据此,将商誉划分为合理商誉和超额商誉,合理商誉能为企业未来带来超额盈利能力,超额商誉是商誉被高估的部分,无法为企业未来带来超额盈利能力(魏志华、朱彩云,2019)。

对于“经济后果”这一概念,Zeff(1978)将其定义为会计报告对企业、政府、工会、投资者、债权人等利益相关者决策行为的影响。而超额商誉的经济后果是指超额商誉对投资者、股东、债权人、企业等利益相关者决策行为的影响。本书分别从投资者、股东以及企业的视角出发，研究了超额商誉对股票错误定价、控股股东股权质押以及企业创新行为的影响。

3.2 商誉的计量

中国早期的会计准则将企业在并购重组中产生的“商誉”纳入“无形资产”这一会计科目中，商誉的后续计量按照无形资产摊销的相关规定来处理。现行会计准则将“商誉”从“无形资产”中独立出来，单独确认为一项资产。对于商誉的后续计量问题，根据《企业会计准则第 8 号——资产减值》的要求，企业在合并中产生的商誉，无论是否有资产减值的迹象，企业每年必须进行减值测试（中华人民共和国财政部，2006a）。

上市公司在商誉减值中存在诸多问题。《企业会计准则第 8 号——资产减值》明确了与商誉相关的资产组或资产组组合的确定方法，并说明了不可随意变更已确定的商誉相关的资产组或资产组组合。但是 2018 年证监会披露的《上市公司年报会计监管报告》指出，部分上市公司无合理理由随意变更商誉所涉及的资产组或资产组组合。除了上述问题以外，上市公司商誉减值时存在诸多机会主义行为，例如不及时足额计提商誉减值，并购重组后承诺期内未实现业绩承诺但不计提商誉减值。除了上述机会主义行为以外，还存在商誉减值的相关信息，包括商誉减值测试过程、参数及商誉减值损失的确认方法披露不充分等问题。由此可见，上市公司商誉减值信息披露不透明，商誉减值不及时不充分，进而使得商誉资产中包含较高程度的“水分”。

3.3　理论基础

3.3.1　信息不对称理论

三位美国经济学家分别探讨了信息不对称在产品市场、劳动力市场以及金融市场的应用，其研究奠定了信息不对称理论的基础框架。Akerlof(1970)从产品市场出发，以二手车市场为例，研究发现由于交易之前买方与卖方之间信息不对称的存在，最终会导致二手车交易市场上只剩下低质量的二手车而不存在高质量的二手车。信息不对称不仅存在于产品市场，而且还存在于劳动力市场。Spence(1973)首次提出了信号传递理论，解决了劳动力市场存在的逆向选择问题，即雇员可以向雇主传递证明自身劳动能力的相关信号，以便雇主区分低能力的劳动者和高能力的劳动者，进而解决由于雇主无法区分劳动者的劳动能力而导致的劳动力市场只剩下低能力的劳动者这一问题。Stiglit从金融市场出发，有效补充了Akerlof、Spence关于信息不对称理论的研究。Rothschild和Stiglitz(1976)以保险市场为例，指出保险公司提供多样化的保险合约供投保人选择，投保人选择保险合约的过程使得保险公司间接地获取了其信息。

信息不对称在市场经济活动中广泛存在。对于拥有并购商誉的上市公司来说，一方面，内部人士对于商誉所能创造的协同效应的实际情况以及超额商誉的信息比上市外部人士了解得更全面；另一方面，由于上市公司在商誉减值中存在诸多问题，包括上市公司商誉减值的随意性较强、在商誉减值时信息披露不充分、不计提或者少计提商誉减值等，因此财务报表所披露的商誉信息可能包含一定的“水分”，而上市公司内部人士对于商誉的真实信息的掌握程度比上市公司外部人多。因此,信息不对称理论是研究超额商誉问题重要的理论基础之一。

3.3.2 行为金融学理论

在金融学理论发展的早期,以有效市场假说为代表的传统金融理论占据统治地位。但随着金融市场上各种金融市场异象,例如封闭式基金折价之谜、孪生股票的同质不同价、羊群效应等的出现,传统金融理论开始不能解释这些金融异象,行为金融学理论应运而生。行为金融学理论在探究各种金融市场异象产生原因的过程中,认为有效市场假说赖以存在的假设前提不能真实地反映客观世界。行为金融理论基本的假设前提是投资者是有限理性的,投资者的非理性行为可能存在趋同及有限套利。

有限理性最早由 Simon(1982)提出,强调人们在决策的过程中并非像传统经济学所假设的“经济人”。传统经济学所假设的“经济人”往往具有完备的知识体系、稳定的偏好,并且在最终决策时试图寻找问题的“最优解”。而有限理性下的人们在决策时往往不是寻求“最优解”,而是“满意解”。投资者的非理性行为可能存在趋同则是在强调投资者的非理性行为并非像传统金融理论所假设的是随机的,而是可能在从众心理因素的作用下存在趋同。有限套利则在强调套利并非无风险、无限制,理想的套利过程很难在真实世界中完成,交易制度、套利成本、被错误定价证券的替代品不一定存在以及套利过程不一定会如预期那样向真实价值回归等因素的存在使得套利是有限的。

认知偏差理论是行为金融学理论的重要组成部分。人的认知过程实质上是人们对于所获取的信息加工并进一步处理的过程。由于人是有限理性的,因此人在获取信息后对信息的加工过程是以有限理性的方式进行的,进而导致认知偏差的出现。有限理性的个体的认知偏差体现在其工作、生活等各方面。以证券投资为例，投资者在进行投资决策时，由于个体是有限理性的，投资者在将获取的信息转化为可识别的认知信息时存在偏差，进而导致在有偏差的信息指导下的投资行为存在偏差，并进一步地会对股票价格产生影响。这些投资者的有限理性使得投资者的投资决策并非是最优的，进而导致股票价格会偏离基于理性人假说下所建立的最优决策模型的预期。Stein(1996)提出了市场择时假说，该假说假设投资者往往表现出过度乐观的情绪，而投资者的过度乐观容易被理性的企业管理者所利用。

由此可见，在行为金融的基本理论框架下，当市场主体是有限理性的时，市场主体的有限理性会导致认知偏差存在，市场主体的认知偏差又会对资本市场产生影响。商誉来源于并购溢价，而并购溢价与管理层过度自信(Malmendier、Tate，2008)、锚定效应(陈仕华、李维安，2016)等非理性因素正相关，这意味着商誉中可能蕴含着一定程度非理性因素导致的对并购后可获得的协同效应的高估(即超额商誉)，即超额商誉可能是市场主体非理性并购行为后的产物。行为金融学理论是研究超额商誉经济后果重要的理论基础之一。

3.3.3　委托代理理论

委托代理理论是现代企业理论的重要组成部分。该理论的主要内容是在企业所有权与经营权分离的情形下，企业所有者与实际经营者之间的利益冲突及委托人对代理人的激励与约束等。Coase(1937)的研究打开了企业的“黑箱”，重点阐述了企业产生的原因以及企业的边界两个问题，并对其作出了全面系统的阐述，对现代企业理论做出了重要贡献。Jensen 和 Meckling(1976)提出了企业股权结构理论。该理论阐述了所有权与控制权分离所导致的问题，股东作为企业的所有者，与管理者之间的目标函数不一致，导致管理者的决策不一定符合股东的利益。Jensen(1986)的研究丰富了委托代理理论,该研究说明了伴随着充足的现金流而来的过度投资行为,即企业管理层满足自身私利的行为。

在所有权与经营权分离的情形下,出现了股东与管理层之间的委托代理问题,即第一类委托代理问题。这类问题产生的主要原因包括以下三点:第一,股东与管理层之间的目标函数不一样。股东的目标是公司价值最大化,而企业管理层则追求个人财富的增长以及个人声誉。两者之间目标函数的不一致使得企业管理层在实际经营中所做的决策对于企业股东来说不一定是有利的,进而导致第一类代理问题的产生。第二,股东与管理层之间存在信息不对称,容易导致逆向选择以及道德风险问题。第三,由于合约不完备性的存在,委托人不可能对未来可能出现的所有情形都进行详细的规定,进而导致委托人不可能对代理人的行为进行全面制约。

第二类代理问题是指由于小股东不能对大股东行为进行有效的监督而导致的小股东与大股东之间的委托代理问题,大股东通过"掏空"手段实施机会主义行为,对中小股东的利益产生了严重的侵害。

在我国企业经营的实践中,两类代理问题均存在(魏志华 等,2012)。当存在第一类代理问题时,管理层的自利行为可能对股东利益产生影响;当存在第二类代理问题时,大股东会侵害中小股东的利益。在研究超额商誉的经济后果时,需以委托代理理论作为重要的理论基础之一,在委托代理理论框架下,研究超额商誉对企业行为、股东行为等的影响。

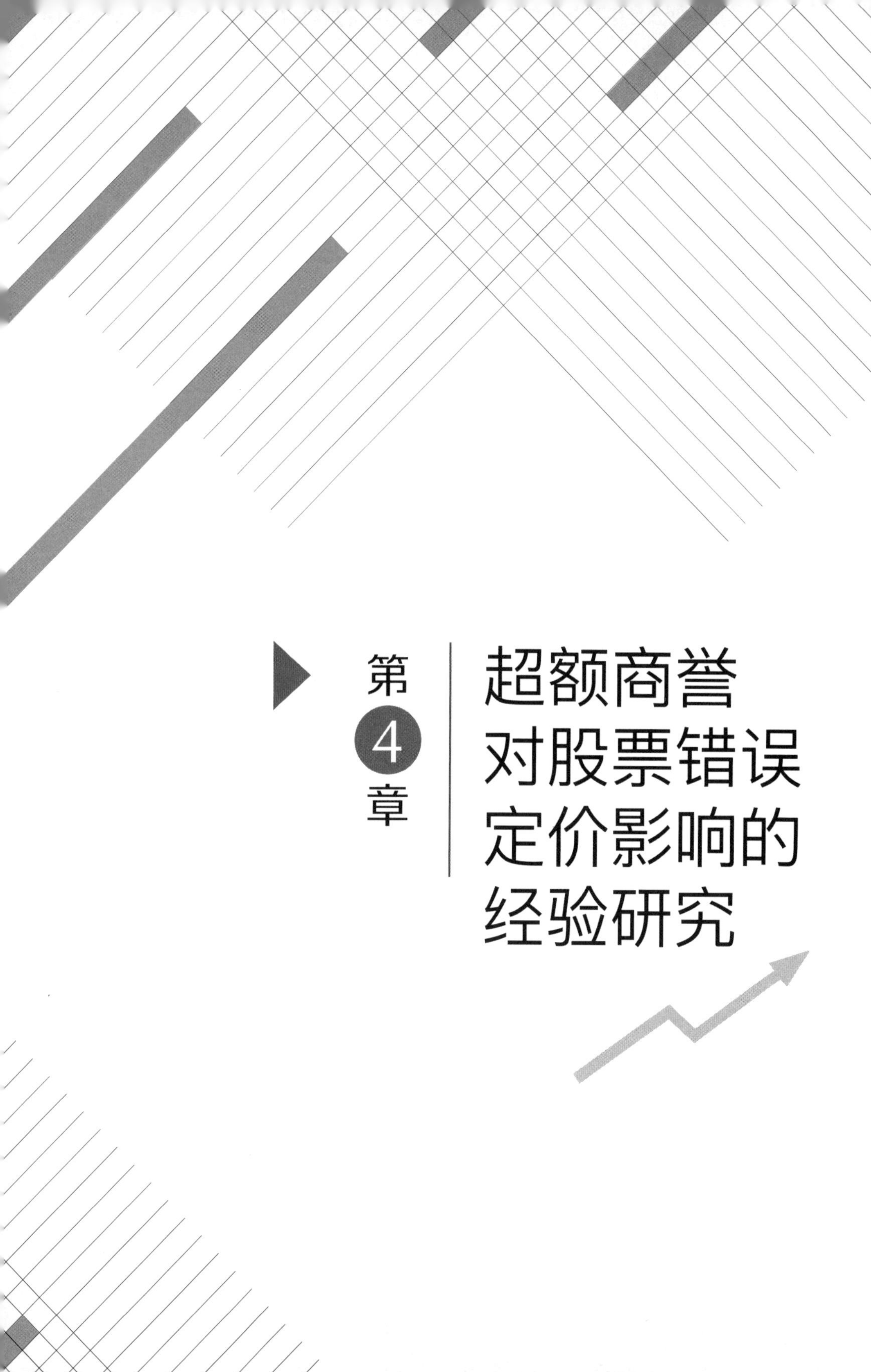

第4章 超额商誉对股票错误定价影响的经验研究

4.1　引言

“十三五”规划以及 2019 年中央经济工作会议均提出了要积极构建更加高效率的资本市场。提高资本市场的定价效率对于构建一个公开透明、健康发展的资本市场至关重要。股票错误定价是资本市场定价效率低的重要表现形式,股票错误定价会降低资本市场资源配置的效率,同时也降低了资本市场服务于实体经济的效率。因此,进一步深入探究股票错误定价的影响因素具有重要意义。

近年来,在企业并购重组快速发展的同时,中国上市公司累积了高额的商誉资产。根据商誉“超额收益观”,并购商誉是预期未来超额盈利能力的贴现值(杜兴强 等,2011)。因此,商誉规模越大,预期未来超额盈利能力也就越大。但是在商誉的后续计量中,确认高额的商誉减值损失现象频繁发生(高榴、袁诗淼,2017),这意味着初始确认的商誉资产可能存在高估。将商誉划分为合理商誉和超额商誉,合理商誉能为企业未来带来超额盈利能力,超额商誉是商誉被高估的部分(魏志华、朱彩云,2019)。杨威等(2018)将并购商誉与资本市场联系起来,认为高额商誉会使得股价累积一定程度的泡沫,进而导致股价崩盘风险增加。合理商誉能反映并购后可获得的协同效应(魏志华、朱彩云,2019),因此,合理商誉所带来的股票市场的正面反馈有相应的业绩支撑。那么真正带来股价泡沫的是不是超额商誉呢?基于此,本章想要研究超额商誉是否会对股票错误定价产生影响,如果会,其产生影响的机理又是什么。

本章可能的创新体现在以下三个方面:第一,将超额商誉与股票错误定价联系起来,揭示了超额商誉会对股票错误定价产生影响,丰富了超额商誉经济后果以及股票错误定价影响因素方面的研究文献;第二,进一步研究了超额商誉对资本市场定价效率产生影响的机理，揭示了其产生影响的机理与公司信息透明度的密切联系；第三，结合我国资本市场“高商誉”的实践，进一步地揭示了超额商誉对股票错误定价的影响主要在拥有高额商誉的企业中有所体现，丰富了高额商誉经济后果方面的研究文献。本章的研究为监管部门更深刻地理解超额商誉对股票错误定价的影响提供了经验证据和重要启示。

4.2 理论分析与研究假设

超额商誉是否会对股票错误定价产生影响呢？企业并购重组的重要动因是通过并购重组后的整合产生相应的协同效应，获得超过并购各方独自运作所产生的盈利能力之和，即超额盈利能力（冯卫东、郑海英，2013a）。根据商誉“超额收益观”，商誉是企业预期未来超额盈利能力的贴现值（杜兴强等，2011）。但是，从我国现行的会计准则对于商誉的定义可知，商誉产生于企业并购重组，是并购方所支付的超过被并购方可辨认净资产的差额。杜兴强等（2011）直接指出，按照我国会计准则确认的商誉成了一个容纳各种原因导致的“计价差额”的“容器”，可能存在高估的部分，其中高估的部分不应确认为商誉，并且不应确认为商誉的部分主要由未确认的净资产、估价偏差以及代理问题导致的收购价格被高估的部分组成，其根本无法为企业未来带来超额盈利能力。据此，将商誉划分为合理商誉和超额商誉，合理商誉能为企业未来带来超额盈利能力，超额商誉是商誉被高估的部分，无法为企业未来带来超额盈利能力（魏志华、朱彩云，2019）。

超额商誉是无法为企业未来带来超额盈利能力的资产，是企业在并购重组中支付的高估了并购可获得的协同效应的部分，高估的部分在未来发生商誉减值的可能性及规模更大（Li et al.，2011；李丹蒙 等，2018）。计提商誉减值不仅会直接降低当期收益（Darrough et al.，2014），而且会对上市公司股票产生负面冲击（张新民 等，2020），导致上市公司在商誉减值中存在诸多机会主义行为。Hayn 和 Hughes（2006）的研究发现，企业商誉减值的计提比商誉经济价值减值滞后 3～4 年，普遍存在计提商誉减值不及时的情形。卢晓哲和朱南军（2022）研究发现，若管理层在并购时存在过度自信，则其通常在并购重组中支付了更高的并购溢价，且对后续商誉减值风险认知不足，进而导致商誉减值的及时性降低。张俊民等（2022）研究发现上市公司存在商誉减值不及时现象，商誉减值平均延迟至少 1～2 年，且媒体负面报道会进一步加剧上市公司商誉减值不及时的现象。上市公司计提商誉减值不及时的现象意味着上市公司商誉资产信息失真，失真的商誉资产降低了上市公司信息披露质量以及信息透明度，投资者很难获取上市公司商誉价值的真实信息。现有的研究表明，上市公司计提商誉减值时，存在盈余管理动机（卢煜、曲晓辉，2016），上市公司通过计提商誉减值来进行盈余管理会进一步降低上市公司信息的透明度，使投资者无法准确、及时了解上市公司的真实运营情况。上市公司商誉减值不及时以及通过商誉减值进行盈余管理的行为，均降低了其信息透明度，使得投资者与上市公司之间的信息不对称程度更高，进而使得投资者可获得的信息数量及质量均降低。而资本市场信息透明度对于股票错误定价程度具有重要影响，Jin 和 Myers（2006）的研究表明，当上市公司信息透明度较低时，上市公司内部管理层与上市公司外部信息使用者之间存在更高程度的信息不对称，上市公司内部管理层拥有更多公司层面的特质信息，而外部投资者（信息使用者）只能根据可获取的信息对上市公司做出评价，导致更少的公司特质信息融入股价，进而降低了资本市场定价效率。资本市场是一个信息驱动的市场，当投资者与上市公司之间的信息不对称程度更高时，投资者的买入或者卖出决策存在偏差，进而导致股票价格偏离其基本价值。因此，我们认为超额商誉会对股票错误定价产生影响，上市公司的超额商誉规模越大，企业在商誉减值中可操

纵的空间越大,会使得其信息透明度越低,进而导致股票错误定价程度越高。基于上述分析,本章提出如下假设:

假设 H4-1:超额商誉会对股票错误定价产生影响,具体地,超额商誉规模越大,则股票错误定价程度越高。

4.3 研究设计

4.3.1 样本选取与数据来源

"商誉"这一会计科目在《企业会计准则》(2006)发布后从无形资产中独立出来。本研究选取 2007—2019 年沪深 A 股上市公司为初始样本,样本处理过程如下:剔除 ST 股、* ST 股;剔除金融行业样本;剔除商誉及其他关键变量缺失的样本。本研究所使用的商誉数据以及上市公司的其他财务数据主要来自 CSMAR 数据库。为了减少极端值对结论的影响,对所有连续型变量在 1%和 99%的分位数上进行缩尾处理。此外,在所有的回归中,对标准误进行公司层面的聚类处理。

4.3.2 关键变量的定义

(1)超额商誉

借鉴魏志华和朱彩云(2019)的研究文献,运用商誉期望模型的回归残差来度量超额商誉(GW_excess),即以实际商誉与预期合理商誉之间的差额作为超额商誉的代理变量。具体地,用并购特征、行业商誉水平、企业特征、年份以及行业固定效应等对商誉水平进行回归,以得到的回归残差作为超额商誉的代理变量。企业商誉水平(GW)用标准化的商誉规模来表示,即商誉净额除以期末总资产。并购特征变量主要包括是否为现金支付(Cash)、买方支出价值(Buyer)。当并购支付方式为现金支付时,Cash 取值为 1,否则取值为 0;买方支出价值(Buyer)用在并购重组中的买方支出价值除以期末总资产来表示。行业商誉水平(GW_indu)用总资产去规模化后的行业年度其他公司商誉的均值来表示。企业特征则主要包括企业规模(Size)、成长性(Growth)、盈利能力(Profit)、管理层持股比例(MAHO)、是否两职合一(Dual)。企业规模(Size)用期末总资产取对数来表示;成长性(Growth)用营业收入增长率来表示;盈利能力(Profit)用总资产净利润率来表示;管理层持股比例(MAHO)用管理层持股数量除以股本来表示;董事长与总经理两职合一时 Dual 取值为 1,否则取值为 0。

具体地,使用公式(4.1)进行如下估计,公式(4.1)得到的回归残差即为超额商誉(GW_excess)的代理变量。

$$\begin{aligned}GW_{i,t} = {} & \alpha_0 + \alpha_1 Cash_{i,t} + \alpha_2 Buyer_{i,t} + \alpha_3 GW\_indu_{i,t} + \\ & \alpha_4 Size_{i,t} + \alpha_5 Profit_{i,t} + \alpha_6 Growth_{i,t} + \alpha_7 MAHO_{i,t} + \\ & \alpha_8 Dual_{i,t} + \sum Year_t + \sum Industry_j + \varepsilon_{i,t}\end{aligned} \tag{4.1}$$

在稳健性检验中,借鉴 Ramanna(2008)以及魏志华和朱彩云(2019)对超额商誉的定义,用企业经总资产标准化后的商誉减去当年行业内所有企业经总资产标准化后的商誉的中位数来表示。具体计算方法为:首先,计算企业经总资产标准化后的商誉,即商誉净额除以期末总资产;其次,计算当年行业内所有企业经总资产标准化后的商誉的中位数;最后,将两者相减,即企业经总资产标准化后的商誉减去当年行业内所有企业经总资产标准化后的商誉的中位数,其结果即为超额商誉,记为 GW_excess1。

(2)股票错误定价

股票错误定价的衡量借鉴 Myers(1999)以及游家兴和吴静(2012)的方

法，采用剩余收益模型进行计算。其计算过程为：第一步，根据公式(4.2)以及公式(4.3)进行回归，其中，BV 表示每股净资产，RI 表示剩余收益。剩余收益为每股收益与每股净资产贴现值之间的差额，贴现率用 r 表示，其具体的值使用一年期无风险利率来表示。

$$\mathrm{RI}_{t+1}=\theta_{10}+\theta_{11}\,\mathrm{RI}_t+\theta_{12}\mathrm{BV}_t+\varepsilon_{1t+1} \tag{4.2}$$

$$\mathrm{BV}_{t+1}=\theta_{21}\,\mathrm{BV}_t+\varepsilon_{2t+1} \tag{4.3}$$

将公式(4.2)以及公式(4.3)进行回归分析得到的回归系数代入公式(4.4)、公式(4.5)以及公式(4.6)，计算得到参数τ_0、τ_1以及τ_2。

$$\tau_0=\frac{\theta_{10}}{(1+r-\theta_{11})\times r} \tag{4.4}$$

$$\tau_1=\frac{\theta_{11}}{1+r-\theta_{11}} \tag{4.5}$$

$$\tau_2=\frac{\theta_{12}(1+r)_t}{(1+r-\theta_{11})\times(1+r-\theta_{21})} \tag{4.6}$$

将计算得到的参数 τ_0、τ_1 以及 τ_2 代入公式(4.7)得到企业的内在价值 V。再将年末股价 P 与同期企业内在价值 V 相比取自然对数得到股票错误定价指标 Misp，如公式(4.8)所示。需要注意的是，股票错误定价指标 Misp 大于 0，表示股价高估；股票错误定价指标 Misp 小于 0，表示股价低估。股票错误定价程度(Abs_Misp)的度量则是将股票错误定价指标 Misp 取绝对值，如公式(4.9)所示，表示股票价格与其内在价值偏离程度的大小。

$$V_t=\tau_0+\tau_1\mathrm{RI}_t+\tau_2\mathrm{BV}_t \tag{4.7}$$

$$\mathrm{Misp}_t=\ln(P_t/V_t) \tag{4.8}$$

$$\mathrm{Abs\_Misp}_t=|\mathrm{Misp}_t| \tag{4.9}$$

在稳健性检验中，上市公司股票错误定价程度的计算参照 Rhodes-Kropf 等(2005)的方法，将市值账面比(M/B)分解为两部分，一部分为公司的未来成长机会，另一部分为股票的错误定价，其中，M 为企业的市场价值，V 为企业的真实价值，B 为企业的账面价值。具体地，其计算过程如下：

$$\frac{M}{B}=\frac{M}{V}\times\frac{V}{B} \tag{4.10}$$

将(4.10)式两边同时取对数得到(4.11)式，m、b、v 分别是 M、B、V 取对数后的值，将(4.11)式左边的 $m-b$ 转化为 $m-v$ 与 $v-b$ 之和，即股票错误定价程度与企业未来的成长机会之和。

$$m-b=(m-v)+(v-b) \tag{4.11}$$

再将股票错误定价分解为两个部分：一部分为短期公司层面错误定价，即上市公司股票的市值与该公司同行业同时期股票市值估值水平的差异；另一部分为长期行业层面错误定价，即该行业整体估值水平与长期真实价值水平的偏差。故市值账面比可以表示为：

$$\begin{aligned} m_{i,t}-b_{i,t} &= \mathrm{OV}_{\mathrm{Firm}\,i,t}+\mathrm{OV}_{\mathrm{Indu}\,i,t}+\mathrm{Growth}_{i,t} \\ &=[m_{i,t}-v(\theta_{i,t};\beta_{j,t})]+[v(\theta_{i,t};\beta_{j,t})- \\ &\quad v(\theta_{i,t};\beta_{j})]+[v(\theta_{i,t};\beta_{j})-b_{i,t}] \end{aligned} \tag{4.12}$$

为了估算企业真实价值 $v(\theta_{i,t};\hat{\beta}_{j,t})$，需要估计出系数$\hat{\beta}_{j,t}$，系数$\hat{\beta}_{j,t}$的具体估计过程如公式(4.13)所示。为了计算企业长期价值 $v(\theta_{i,t};\bar{\beta}_{j})$，需要估计出系数$\bar{\beta}$，系数$\bar{\beta}$的具体计算如公式(4.15)所示。具体计算步骤为：

第一，根据第 t 年行业 j 的数据使用公式(4.13)估计出系数$\hat{\beta}_{j,t}$，其中，$(\mathrm{NI})^{+}_{i,t}$表示企业 i 在第 t 年净利润的绝对值，$I_{(<0)}\ln(\mathrm{NI})^{+}_{i,t}$表示企业 i 在第 t 年净利润为负值时的示信函数（当 NI<0 时，取值为 1，否则取值为 0），$\mathrm{Lev}_{i,t}$表示企业 i 在第 t 年的杠杆率，用资产负债率来衡量。

$$m_{i,t}=\beta_{0}+\beta_{1jt}b_{i,t}+\beta_{2jt}\ln(\mathrm{NI})^{+}_{i,t}+\beta_{3jt}I_{(<0)}\ln(\mathrm{NI})^{+}_{i,t}+\beta_{4jt}\mathrm{Lev}_{i,t}+\varepsilon_{i,t} \tag{4.13}$$

第二，根据估计出的系数$\hat{\beta}_{j,t}$，代入(4.14)式得到企业真实价值的拟合值。

$$v(\theta_{i,t};\hat{\beta}_{j,t})=\hat{\beta}_{0}+\hat{\beta}_{1jt}b_{i,t}+\hat{\beta}_{2jt}\ln(\mathrm{NI})^{+}_{i,t}+\hat{\beta}_{3jt}I_{(<0)}\ln(\mathrm{NI})^{+}_{i,t}+\hat{\beta}_{4jt}\mathrm{Lev}_{i,t} \tag{4.14}$$

第三，根据公式(4.15)计算得到系数$\bar{\beta}$，再将$\bar{\beta}_j$代入公式(4.16)得到长期企业价值的估计值：

$$1/T\sum \hat{\beta}_{jt}=\bar{\beta}_j \tag{4.15}$$

$$v(\theta_{i,t};\bar{\beta}_j)=\bar{\beta}_0+\bar{\beta}_{1j}b_{i,t}+\bar{\beta}_{2j}\ln(\mathrm{NI})^{+}_{i,t}+\bar{\beta}_{3j}I_{(<0)}\ln(\mathrm{NI})^{+}_{i,t}+\bar{\beta}_{4j}\mathrm{Lev}_{i,t} \tag{4.16}$$

第四，根据公式(4.17)计算得到股票错误定价程度(Abs_Misp1)。

$$\mathrm{Abs\_Misp}_{it}1=|\,m_{i,t}-v(\theta_{i,t};\bar{\beta}_j)\,| \tag{4.17}$$

4.3.3 模型设定

设定如下回归模型来检验假设 H4-1：

$$\mathrm{Abs\_Misp}_{i,t}=\alpha_0+\alpha_1\mathrm{GW\_excess}_{i,t}+\alpha_2\mathrm{Controls}_{i,t}+\sum\mathrm{Year}_t+\sum\mathrm{Industry}_j+\sum\mathrm{Province}_k+\varepsilon_{i,t} \tag{4.18}$$

其中，Abs_Misp 为被解释变量，将其定义为上市公司股票错误定价程度，Abs_Misp 值越大，表示上市公司股票错误定价程度越高。GW_excess 为解释变量，用来度量超额商誉规模的大小。借鉴游家兴和吴静(2012)以及丁肖丽(2018)的研究，拟进行控制的控制变量(Controls)主要包括企业规模(Size)、企业年龄(Age)、总资产净利润率(ROA)、杠杆率(Lev)、流动资产比率(Liquidity)、董事会规模(Boardsize)、股权集中度(Shrhfd5)、每股净利润预测值(FNP)、分析师追踪人数(Analyst)。此外，还控制了年度(Year)、行业(Industry)和企业所在省份(Province)固定效应。关键变量的定义见表4-1。

表 4-1　变量定义

变量符号	变量名称	变量定义
Abs_Misp	股票错误定价程度	利用剩余收益模型测算的股价偏离其内在真实价值的程度
GW_excess	超额商誉	用商誉期望模型的回归残差来度量
GW	标准化商誉	期末商誉资产净额/期末总资产
Size	企业规模	期末总资产取对数
Age	企业年龄	企业上市年数
ROA	总资产净利润率	净利润/期末总资产
Lev	杠杆率	期末总负债/期末总资产
Liquidity	流动资产比率	期末流动资产/期末总资产
Boardsize	董事会规模	董事总人数取对数
Shrhfd5	股权集中度	前五大股东持股比例平方和
FNP	每股净利润预测值	当期分析师每股净利润预测均值
Analyst	分析师追踪人数	当期分析师追踪人数取对数

4.4　实证结果分析

4.4.1　描述性统计

表 4-2 展示了关键变量描述性统计结果。若股票价格和内在价值相一致，那么股票错误定价程度代理变量应接近于 0。但从表 4-2 的结果来看，股票错误定价程度(Abs_Misp)的均值和中位数分别为 1.7832 和 1.6157，这说明我国资本市场存在股票错误定价现象。经总资产标准化后的商誉(GW)均值为 0.0298，这说明从平均水平来看，商誉资产占总资产的比重为 2.98%；标准化商誉(GW)中位数为 0.0007，大于 0，说明在研究样本中，至

少50%的上市公司商誉资产规模大于0;标准化商誉(GW)最大值为0.5295,这说明在研究样本中,商誉资产占总资产的比重最高达到52.95%。超额商誉(GW_excess)均值为0.0003,大于中位数,这说明超额商誉呈右偏分布,部分上市公司超额商誉规模较大并且最大值达到0.2845。其他控制变量的描述性统计结果如表4-2所示。

表4-2 变量描述性统计

变量	观测值	均值	标准差	最小值	中位数	最大值
Abs_Misp	16177	1.7832	1.1079	0.0615	1.6157	5.5036
GW_excess	16177	0.0003	0.0583	−0.1183	−0.0043	0.2845
GW	16177	0.0298	0.0739	0.0000	0.0007	0.5295
Size	16177	22.2031	1.2533	19.9957	22.0223	26.0879
Age	16177	16.2191	5.3783	5.0000	16.0000	30.0000
ROA	16177	0.0430	0.0488	−0.1468	0.0388	0.1927
Lev	16177	0.4398	0.2025	0.0517	0.4404	0.8589
Liquidity	16177	0.5604	0.2058	0.0895	0.5724	0.9563
Boardsize	16177	2.1589	0.1974	1.6094	2.1972	2.7081
Shrhfd5	16177	0.1656	0.1161	0.0139	0.1373	0.5625
FNP	16177	0.6882	0.5734	0.0000	0.5400	3.0980
Analyst	16177	3.3265	1.4628	0.0000	3.5553	5.8141

4.4.2 超额商誉与股票错误定价程度

上市公司的超额商誉规模越大,其股票错误定价程度是否会越高?表4-3汇报了假设H4-1的检验结果。第(1)~(4)列为逐步加入年份固定效应、行业固定效应以及省份固定效应的回归结果,超额商誉(GW_excess)对股票错误定价程度(Abs_Misp)的回归系数均在1%的水平上显著为正。该回归结果表明,上市公司的超额商誉(GW_excess)越高,则其股票错误定价程度越高,资本市场定价效率越低。这也就意味着,企业在并购重组中的非理性支付所带来的超额商誉会对资本市场定价效率产生影响。需要特别指出的是,本研究区分了合理商誉和超额商誉,并且从实证结果来看,正是超额商誉部分对股票错误定价产生了影响。

从控制变量来看,企业规模(Size)、企业年龄(Age)、总资产净利润率(ROA)、杠杆率(Lev)、分析师追踪人数(Analyst)对股票错误定价程度(Abs_Misp)有显著影响。具体地,企业规模(Size)的回归系数显著为负,该结果表明企业规模越大,则股票错误定价程度越高;企业年龄(Age)的回归系数显著为负,该结果表明企业年龄越大,则股票错误定价程度越低,这说明企业上市年数越长,投资者对上市公司的认知会更客观,进而导致其错误定价程度更低;总资产净利润率(ROA)的回归系数显著为正,这说明企业盈利能力越强,则股票错误定价程度越高;杠杆率(Lev)的回归系数显著为正,这说明负债率越高,则股票错误定价程度越高;分析师追踪人数(Analyst)的回归系数显著为正,这说明企业每股净利润预测值越高、分析师追踪人数越多,则股票错误定价程度越高,产生该现象的可能的原因是分析师每股净利润预测值越高以及追踪人数越多,会引起越高程度的投资者过度反应,进而导致股票错误定价程度越高。上述变量的回归系数与现有的文献基本保持一致。流动资产比率(Liquidity)、每股净利润预测值(FNP)、董事会规模(Boardsize)以及股权集中度(Shrhfd5)对股票错误定价程度的影响不显著。

表 4-3　超额商誉与股票错误定价程度

变量	Abs_Misp			
	(1)	(2)	(3)	(4)
GW_excess	0.9612***	1.0757***	1.1061***	1.1126***
	(3.676)	(4.229)	(4.461)	(4.507)
Size	−0.3581***	−0.4003***	−0.3792***	−0.3892***
	(−17.819)	(−19.176)	(−17.167)	(−17.920)

续表

变量	Abs_Misp			
	(1)	(2)	(3)	(4)
Age	−0.0130***	−0.0235***	−0.0224***	−0.0229***
	(−3.780)	(−5.795)	(−5.469)	(−5.577)
ROA	2.1483***	2.7150***	2.9327***	2.9412***
	(6.894)	(8.479)	(9.399)	(9.577)
Lev	0.7290***	1.0293***	1.2564***	1.3088***
	(6.852)	(9.411)	(11.517)	(12.210)
Liquidity	0.1749*	0.1526*	0.0565	0.0491
	(1.901)	(1.668)	(0.553)	(0.487)
Boardsize	−0.1800**	−0.0102	0.0094	0.0033
	(−2.098)	(−0.114)	(0.109)	(0.038)
Shrhfd5	−0.2333	−0.1270	−0.0055	−0.0466
	(−1.448)	(−0.779)	(−0.034)	(−0.287)
FNP	−0.0192	0.0128	0.0098	0.0248
	(−0.743)	(0.502)	(0.397)	(1.019)
Analyst	0.1254***	0.1067***	0.0809***	0.0846***
	(9.435)	(7.966)	(6.147)	(6.430)
_cons	9.4575***	10.2676***	9.6703***	9.9894***
	(23.241)	(24.848)	(21.470)	(22.182)
Year	NO	YES	YES	YES
Industry	NO	NO	YES	YES
Province	NO	NO	NO	YES
N	16177	16177	16177	16177
Adjusted R^2	0.1451	0.2074	0.2424	0.2537

注：***、**、* 分别表示1%、5%、10%的显著性水平。括号内为聚类调整的 t 值。下表同。

4.4.3 稳健性检验

4.4.3.1 替换关键变量的度量指标

(1)替换超额商誉的度量指标。为了避免由于超额商誉度量指标的不同而导致的估计结果不稳健,在此处更换超额商誉的度量指标进行稳健性检验。在前文的分析中,超额商誉是通过计算商誉期望模型的回归残差来度量的。在稳健性检验中借鉴 Ramanna(2008)以及郭照蕊和黄俊(2020)对超额商誉的定义,用企业经总资产标准化后的商誉减去行业内企业标准化商誉的中位数来表示,记为 GW_excess1。替换超额商誉度量指标后,重新对假设 H4-1 进行检验,回归结果如表 4-4 所示,第(1)～(4)列超额商誉的回归系数均在 1%的水平上显著。该回归结果表明,更换股票错误定价的度量指标后,假设 H4-1 依然得到实证支持。

表 4-4　替换超额商誉度量指标的稳健性检验

变量	Abs_Misp			
	(1)	(2)	(3)	(4)
GW_excess1	1.9596***	1.5195***	1.3486***	1.3452***
	(8.538)	(6.598)	(5.956)	(5.959)
Size	−0.3616***	−0.3963***	−0.3763***	−0.3862***
	(−18.042)	(−19.069)	(−17.101)	(−17.851)
Age	−0.0137***	−0.0226***	−0.0217***	−0.0222***
	(−4.023)	(−5.574)	(−5.293)	(−5.406)
ROA	2.2702***	2.7240***	2.9345***	2.9421***
	(7.359)	(8.534)	(9.421)	(9.598)
Lev	0.8175***	1.0517***	1.2655***	1.3165***
	(7.758)	(9.681)	(11.642)	(12.323)

续表

变量	Abs_Misp			
	(1)	(2)	(3)	(4)
Liquidity	0.2225**	0.1753*	0.0806	0.0734
	(2.440)	(1.925)	(0.793)	(0.732)
Boardsize	−0.1242	0.0054	0.0190	0.0125
	(−1.450)	(0.061)	(0.220)	(0.142)
Shrhfd5	−0.1283	−0.0847	0.0171	−0.0229
	(−0.795)	(−0.520)	(0.106)	(−0.141)
FNP	−0.0186	0.0113	0.0087	0.0235
	(−0.722)	(0.442)	(0.353)	(0.970)
Analyst	0.1190***	0.1047***	0.0800***	0.0838***
	(9.003)	(7.839)	(6.088)	(6.386)
_cons	9.3198***	10.1050***	9.5642***	9.8815***
	(21.999)	(23.031)	(24.491)	(21.288)
Year	NO	YES	YES	YES
Industry	NO	NO	YES	YES
Province	NO	NO	NO	YES
N	16177	16177	16177	16177
Adjusted R^2	0.1553	0.2117	0.2448	0.2560

(2)替换股票错误定价程度的度量指标。在前文的分析中，股票错误定价程度(Abs_Misp)指标是基于剩余收益模型估算的。在稳健性检验中，借鉴 Rhodes-Kropf 等(2005)的方法，采用回归估值法测算股票错误定价程度，即 Abs_Misp1。替换股票错误定价程度的度量指标后，重新对假设 H4-1 进行检验，回归结果如表 4-5 所示，第(1)～(4)列为分别逐步加入时间固定效应、行业固定效应以及省份固定效应的回归结果，超额商誉的回归系数均在 1%的水平上显著。该回归结果表明，更换股票错误定价指标的度量指标后，假设 H4-1 依然得到实证支持。

表 4-5　替换股票错误定价程度度量指标的稳健性检验

变量	Abs_Misp1			
	(1)	(2)	(3)	(4)
GW_excess1	0.3265***	0.2198***	0.2032***	0.2062***
	(5.928)	(3.952)	(3.613)	(3.653)
Size	−0.0034	−0.0070	−0.0047	−0.0070
	(−0.670)	(−1.341)	(−0.859)	(−1.257)
Age	−0.0009	−0.0011	−0.0008	−0.0009
	(−1.194)	(−1.221)	(−0.864)	(−0.999)
ROA	0.1539	0.1684*	0.2178**	0.2373**
	(1.529)	(1.691)	(2.191)	(2.403)
Lev	0.0393	0.0410	0.0801***	0.0863***
	(1.489)	(1.463)	(2.807)	(3.023)
Liquidity	0.0738***	0.0884***	0.0703***	0.0702***
	(3.986)	(4.794)	(2.906)	(2.909)
Boardsize	−0.0170	−0.0068	−0.0150	−0.0160
	(−0.847)	(−0.343)	(−0.775)	(−0.830)
Shrhfd5	−0.0075	−0.0003	0.0193	0.0218
	(−0.219)	(−0.008)	(0.560)	(0.638)
FNP	0.0106	0.0181**	0.0185***	0.0195***
	(1.441)	(2.531)	(2.599)	(2.761)
Analyst	0.0028	0.0056**	0.0022	0.0029
	(0.984)	(1.962)	(0.758)	(0.959)
_cons	0.4821***	0.6348***	0.5880***	0.6290***
	(4.401)	(5.804)	(5.117)	(5.360)
Year	NO	YES	YES	YES
Industry	NO	NO	YES	YES
Province	NO	NO	NO	YES

续表

变量	Abs_Misp1			
	(1)	(2)	(3)	(4)
N	16177	16177	16177	16177
Adjusted R^2	0.0069	0.0995	0.1087	0.1115

4.4.3.2 控制公司层面固定效应

为了避免本书研究发现的超额商誉对股票错定价的影响是随公司个体变动但不随时间变动的遗漏变量所导致的，因此在稳健性检验中进一步控制公司层面固定效应。回归结果如表 4-6 所示，Firm 表示公司层面固定效应。表 4-6 的第(1)、(2)列是分别以基于剩余收益模型估算的股票错误定价程度(Abs_Misp)以及基于回归估值法测算的股票错误定价程度(Abs_Misp1)为被解释变量的回归结果，第(1)列和第(2)列均同时控制了所有的控制变量、年份固定效应以及公司层面固定效应，超额商誉(GW_excess)的回归系数均在 1%的水平上显著为正。该回归结果表明控制公司层面的固定效应后，回归结果依然稳健。

表 4-6 控制公司层面固定效应的稳健性检验

变量	Abs_Misp	Abs_Misp1
	(1)	(2)
GW_excess	0.4199***	0.3104***
	(3.034)	(4.169)
Size	−0.4029***	−0.0276**
	(−19.423)	(−2.368)
Age	−0.0041	−0.0024
	(−0.183)	(−0.203)
ROA	2.4174***	0.1229
	(14.528)	(1.214)

续表

变量	Abs_Misp	Abs_Misp1
	(1)	(2)
Lev	1.3413 ***	0.2359 ***
	(20.570)	(5.965)
Liquidity	0.1073 *	0.0685 *
	(1.654)	(1.802)
Boardsize	0.0559	−0.0353
	(1.082)	(−1.152)
Shrhfd5	0.0024	−0.0456
	(0.017)	(−0.606)
FNP	0.0056	0.0052
	(0.717)	(0.498)
Analyst	0.0564 ***	0.0068 *
	(8.316)	(1.691)
_cons	10.0843 ***	1.0977 ***
	(21.019)	(3.998)
Year	YES	YES
Firm	YES	YES
N	16177	16177
Adjusted R^2	0.3350	0.1227

4.4.3.3　内生性问题的处理

在本书的研究中，超额商誉指标的计算是基于商誉数据，商誉数据缺失的样本在研究中被剔除了，因此可能存在样本自选择偏误。本书拟采用赫克曼(Heckman)两步法减少潜在的样本自选择问题。第一步，采用 Probit 模型来估计企业是否有账面商誉，选择模型中的排除约束性变量是同一年同行业中其他企业是否披露商誉金额的均值(MGW_Dum)。此外，选择模型中还包括如下控制变量：企业规模（Size）、企业年龄（Age）、净利润增长率（Growth）、杠杆率（Lev）、固定资产比率（Fixedasset）、产权性质（SOE）。第二步，将第一阶段回归得到的逆米尔斯比率（Mills）代入主回归方程，以减少潜在的样本自选择问题。回归结果如表 4-7 所示。表 4-7 的第（1）、（2）列是分别以基于剩余收益模型估算的股票错误定价程度（Abs_Misp）以及基于回归估值法测算的股票错误定价程度（Abs_Misp1）为被解释变量的回归结果，第（1）列和第（2）列超额商誉（GW_excess）的回归系数分别在 1％以及 10％的水平上显著为正。该回归结果表明，控制样本自选择偏误后，"超额商誉规模越大，则股票错误定价程度越高"这一结论依然成立。

表 4-7 基于赫克曼两步法的稳健性检验

变量	Abs_Misp	Abs_Misp1
	(1)	(2)
GW_excess	1.1033 ***	0.0765 *
	(7.994)	(1.804)
Size	−0.3884 ***	0.0055
	(1.626)	(−36.360)
Age	−0.0245 ***	−0.0014 **
	(−13.418)	(−2.481)
ROA	4.0433 ***	0.4848 ***
	(17.661)	(7.007)
Lev	1.2847 ***	0.0553 ***
	(21.489)	(2.935)
Liquidity	0.0461	0.0595 ***
	(0.858)	(3.494)
Boardsize	0.0257	−0.0201
	(0.582)	(−1.447)

续表

变量	Abs_Misp	Abs_Misp1
	(1)	(2)
Shrhfd5	−0.0804	−0.0185
	(−1.053)	(−0.764)
FNP	0.0166	0.0208***
	(1.046)	(4.221)
Analyst	0.0854***	0.0038*
	(11.498)	(1.649)
_cons	9.9828***	0.4023***
	(42.023)	(5.364)
Year	YES	YES
Industry	YES	YES
Province	YES	YES
Mills	−0.3385***	−0.0516**
	(−4.710)	(−2.459)
N	17771	19239

4.5　进一步分析

前文的研究发现超额商誉规模越大，则股票错误定价程度越高。那么超额商誉是如何对错误定价产生影响的呢？其产生影响的机理是什么？前文的分析得出超额商誉会对股票错误定价程度产生影响，那么具体来看，超额商誉规模越大时越容易导致股价高估还是低估呢？高质量审计是否能发挥有效的外部治理机制作用，减少超额商誉对股票错误定价程度的影响呢？高额商誉与超额商誉有什么关联？拥有高额商誉的企业是否股票错误定价程度更高呢？接下来拟对上述问题进行进一步的深入分析。

4.5.1 超额商誉对股票错误定价产生影响的机理

超额商誉会对股票错误定价产生影响，其产生影响的机理是什么呢？资本市场是一个信息驱动的市场，当投资者与上市公司之间的信息不对称程度更高时，会使得投资者的买入或者卖出决策存在偏差，进而导致股票价格偏离其基本价值。上市公司的超额商誉规模越大，是否会使得其信息透明度越低，进而导致股票错误定价程度越高呢？

为了进一步考察超额商誉对股票错误定价产生影响的机理，需要计算上市公司信息透明度（Opaque）指标。这一指标的构建是根据 Hutton 等（2009）的方法，先计算出上市公司操纵性应计利润，再将前三期的操纵性应计利润的绝对值相加，得到的加总值可以用来表示上市公司信息透明度。需要说明的是，操纵性应计利润根据修正的琼斯模型（Dechow et al.，1995）计算。上市公司信息透明度（Opaque）指标值越大，则表示上市公司信息透明度越低。具体回归结果如表 4-8 所示。表 4-8 的第（1）～（4）列中的超额商誉（GW_excess）的回归系数均在 1%的水平上显著为正。该回归结果表明，上市公司的超额商誉（GW_excess）规模越大，则企业的信息透明度越低。上述回归结果验证了前文的分析，即上市公司的超额商誉规模越大，会使得其信息透明度越低，进而导致股票错误定价程度越高。

表 4-8 超额商誉与信息透明度

变量	Opaque			
	(1)	(2)	(3)	(4)
GW_excess	0.1609***	0.1481***	0.1168***	0.1151***
	(6.248)	(5.791)	(4.579)	(4.560)

续表

变量	Opaque			
	(1)	(2)	(3)	(4)
Size	−0.0032	0.0008	−0.0036	−0.0040
	(−1.386)	(0.324)	(−1.472)	(−1.622)
Age	0.0007 *	0.0015 ***	0.0003	0.0003
	(1.835)	(3.568)	(0.735)	(0.816)
ROA	0.0949 ***	0.0254	0.0370	0.0329
	(2.635)	(0.697)	(1.042)	(0.922)
Lev	0.0878 ***	0.0564 ***	0.0502 ***	0.0501 ***
	(3.629)	(7.137)	(4.144)	(3.706)
Liquidity	0.1617 ***	0.1670 ***	0.1331 ***	0.1337 ***
	(13.999)	(14.454)	(10.116)	(10.363)
Boardsize	−0.0279 ***	−0.0412 ***	−0.0363 ***	−0.0351 ***
	(−3.758)	(−2.799)	(−3.955)	(−3.785)
Shrhfd5	0.0215	0.0104	−0.0086	−0.0081
	(1.089)	(0.519)	(−0.470)	(−0.449)
FNP	0.0256 ***	0.0242 ***	0.0258 ***	0.0255 ***
	(6.861)	(6.657)	(7.199)	(7.321)
Analyst	−0.0044 ***	−0.0029 *	−0.0017	−0.0014
	(−0.935)	(−2.689)	(−1.769)	(−1.082)
_cons	0.1592 ***	0.0968 **	0.2366 ***	0.2408 ***
	(3.504)	(2.006)	(4.967)	(4.771)
Year	NO	YES	YES	YES
Industry	NO	NO	YES	YES
Province	NO	NO	NO	YES
N	11926	11926	11926	11926
Adjusted R^2	0.1126	0.1242	0.1861	0.1910

4.5.2 超额商誉与股票错误定价：高估还是低估

超额商誉会对股票错误定价产生影响，那么超额商誉资产规模越大，是会导致股票价格高估还是低估呢？接下来拟对这一问题进行分析。超额商誉对股票错误定价产生影响的机理在于上市公司的超额商誉规模越大，会使得其信息透明度越低，进而导致股票错误定价程度越高。从前文的分析可知，超额商誉对企业信息透明度产生影响的原因在于企业没有及时足额计提商誉减值，减小了对于股价的负面冲击。因此，我们预期，超额商誉规模越大时，股价高估程度越高。

在前文的分析中，股票错误定价程度(Abs_Misp)指标是借鉴 Myers(1999)以及游家兴和吴静(2012)的方法采用剩余收益模型测算的，其具体的计算方法是股票价格与其内在价值的偏离值取绝对值。但事实上，股票价格既可能向上偏离其内在价值，也可能向下偏离其内在价值。因此，为了进一步探究超额商誉是会导致股价高估还是低估，还是借鉴 Myers(1999)以及游家兴和吴静(2012)的方法，采用剩余收益模型测算股票价格与其内在价值偏离，计算股票错误定价指标 Misp；股票错误定价指标 Misp 大于 0，表示股价高估；股票错误定价指标 Misp 小于 0，表示股价低估。根据有超额商誉的行业的年度中位数，将样本划分为两组，即高超额商誉组和非高超额商誉组；若企业超额商誉规模高于行业年度中位数，则企业拥有高超额商誉资产；若企业超额商誉规模小于等于行业年度中位数，则企业拥有非高超额商誉资产。表 4-9 为单变量 T 检验的结果，该结果显示：高超额商誉组的股票错误定价(Misp)均值为 1.8290，大于 0，即从平均水平来看，高超额商誉组上市公司股价存在高估；非高超额商誉组的股票错误定价(Misp)均值为 1.7215，大于 0，即从平均水平来看，非高超额商誉组上市公司股价也存在高估；并且两组均值差异在 1%的水平上显著为正，这说明从平均水平来看，高超额商誉组的股价高估程度显著大于非高超额商誉组。单变量 T 检验的结果一方面说明了我国上市公司股价高估现象普遍存在，另一方面在一定程度上也可以说明当上市公司拥有较高的超额商誉资产时，其股价高估程度更高。

表 4-9　单变量 T 检验

变量	高超额商誉组		非高超额商誉组		均值差异	T 值
	观测值	均值	观测值	均值		
Misp	7142	1.8290	9035	1.7215	0.1075***	5.7385

为了进一步探究"超额商誉规模越大时，股价高估程度是否越高"，以股票错误定价（Misp）为被解释变量进行回归分析，回归结果如表 4-10 所示。表 4-10 的第（1）～（4）列中，超额商誉（GW_excess）的回归系数均在 1％的水平上显著为正。该回归结果表明，上市公司的超额商誉（GW_excess）资产规模越大，则其股票错误定价（Misp）越高。从表 4-9 的单变量 T 检验可知我国上市公司股价高估现象普遍存在。综合表 4-9 以及表 4-10 的回归结果，可以看出，在我国上市公司股价高估现象普遍存在的这一情形下，超额商誉资产规模越大，越容易导致股价高估，且高估程度越高。

表 4-10　超额商誉与股价高估

变量	Misp			
	(1)	(2)	(3)	(4)
GW_excess	1.1302***	1.2408***	1.2729***	1.2784***
	(4.002)	(4.496)	(4.728)	(4.758)
Size	−0.3816***	−0.4196***	−0.3955***	−0.4064***
	(−17.478)	(−18.545)	(−16.708)	(−17.445)
Age	−0.0140***	−0.0233***	−0.0224***	−0.0229***
	(−3.822)	(−5.431)	(−5.183)	(−5.280)

续表

变量	Misp			
	(1)	(2)	(3)	(4)
ROA	2.1552***	2.6724***	2.8792***	2.8943***
	(6.603)	(7.926)	(8.737)	(8.933)
Lev	0.7695***	1.0500***	1.2878***	1.3406***
	(6.871)	(9.089)	(11.172)	(11.810)
Liquidity	0.1640*	0.1443	0.0428	0.0374
	(1.694)	(1.495)	(0.402)	(0.356)
Boardsize	−0.1520*	0.0046	0.0230	0.0141
	(−1.694)	(0.049)	(0.254)	(0.154)
Shrhfd5	−0.2517	−0.1674	−0.0320	−0.0761
	(−1.480)	(−0.973)	(−0.187)	(−0.442)
FNP	−0.0224	0.0111	0.0071	0.0216
	(−0.813)	(0.408)	(0.268)	(0.833)
Analyst	0.1353***	0.1176***	0.0909***	0.0945***
	(9.606)	(8.239)	(6.477)	(6.724)
_cons	9.8791***	10.6449***	9.9361***	10.2868***
	(22.463)	(23.849)	(20.676)	(21.366)
Year	NO	YES	YES	YES
Industry	NO	NO	YES	YES
Province	NO	NO	NO	YES
N	16177	16177	16177	16177
Adjusted R^2	0.1419	0.2019	0.2348	0.2451

4.5.3 外部治理机制的调节作用

从前文的分析可知，超额商誉对股票错误定价产生影响的机理在于信息透明度，即上市公司的超额商誉规模越大，会使得其信息透明度越低，进而导致股票错误定价程度越高。现有的研究表明，高质量审计能提高公司信息披露质量（Francis and Yu，2009），进而提高企业的信息透明度。那么高质量审计能否发挥有效的治理机制作用，提升企业的信息透明度，进而降低超额商誉对于股票错误定价程度的影响呢？现有的文献根据上市公司是否聘请四大会计师事务所审计来衡量审计质量的高低（郭照蕊、黄俊，2020），聘请四大会计师事务所组的审计质量高于聘请非四大会计师事务所组。根据上市公司是否聘请四大会计师事务所，将本书的研究样本分为两组，即聘请四大会计师事务所组（Big4＝1）以及聘请非四大会计师事务所组（Big4＝0），分组检验超额商誉对股票错误定价的影响。我们预期，相较于聘请非四大会计师事务所组（Big4＝0）的上市公司，聘请四大会计师事务所组（Big4＝1）的上市公司的超额商誉对股票错误定价程度的影响更小。

表 4-11 为对上述假说进行检验的回归结果。回归结果显示，聘请四大会计师事务所组（Big4＝1）超额商誉（GW_excess）的回归系数不显著，即超额商誉（GW_excess）对股票错误定价程度（Abs_Misp）的影响不再显著；而聘请非四大会计师事务所组（Big4＝0）超额商誉（GW_excess）的回归系数显著为正，即超额商誉（GW_excess）对股票错误定价程度（Abs_Misp）依然有显著的影响。该回归结果表明，高质量审计能发挥有效的外部治理机制作用，提高企业的信息透明度，进而降低超额商誉对于股票错误定价程度的影响。

表 4-11　超额商誉、外部公司治理与股票错误定价

变量	Abs_Misp	
	Big4＝1	Big4＝0
GW_excess	－1.8644	1.1743***
	（－1.603）	（4.672）

续表

变量	Abs_Misp	
	Big4=1	Big4=0
Size	−0.3822 ***	−0.3828 ***
	(−7.620)	(−15.226)
Age	−0.0593 ***	−0.0235 ***
	(−4.426)	(−5.535)
ROA	4.8551 ***	2.8803 ***
	(4.815)	(9.114)
Lev	2.4831 ***	1.2792 ***
	(6.910)	(11.459)
Liquidity	−0.1504	0.0689
	(−0.441)	(0.659)
Boardsize	0.3586 *	−0.0182
	(1.708)	(−0.197)
Shrhfd5	−0.7524 *	0.0448
	(−1.857)	(0.263)
FNP	0.1347	0.0158
	(1.630)	(0.644)
Analyst	0.0212	0.0834 ***
	(0.414)	(6.202)
_cons	9.7610 ***	9.8989 ***
	(7.374)	(19.514)
Year	YES	YES
Industry	YES	YES
Province	YES	YES
N	935	15196
Adjusted R^2	0.5462	0.2394

4.5.4　高额商誉与股票错误定价

相较于超额商誉这一概念，商誉这一概念更为直观。在我国并购市场实践中的一个典型事实是上市公司在高溢价并购中累积了高额商誉资产。为了使本书的研究能更好地服务于实践，接下来进一步研究我国上市公司在并购重组中累积的高额商誉资产与超额商誉之间有什么关联，拥有高额商誉资产的上市公司股票错误定价程度是否更高。李丹蒙等(2018)的研究发现，管理层过度自信是影响新增商誉规模的重要因素，管理层过度自信程度越高，新增商誉规模越大。孙瑞泽(2020)在对我国深市上市公司商誉情况进行分析时指出，财务型并购、做大市值来为股东提供套利空间等均是商誉规模较高以及商誉减值的主要原因。这都意味着高额商誉可能是非理性因素或者自利动机驱动下的产物。因此，我们预期：当企业拥有高额商誉资产时，超额商誉规模更大。如果上述预期成立，那么超额商誉对股票错误定价的影响是否在拥有高额商誉资产的上市公司中有所体现，即拥有高额商誉资产的上市公司是否信息透明度更差进而导致股票错误定价程度更高？

为了对上述假设进行检验，生成变量 HGW 用来表示企业是否拥有高额商誉资产。若企业商誉规模高于行业年度中位数，则企业拥有高额商誉资产，HGW 取值为 1；若企业商誉规模小于等于行业年度中位数，则 HGW 取值为 0。对上述假设检验的回归结果如表 4-12 所示。表 4-12 的第(1)列为检验“当企业拥有高额商誉资产时，超额商誉越大”的回归结果，高额商誉(HGW)这一变量的回归系数在 1%的水平上显著为正。该回归结果表明，当企业拥有高额商誉资产时，超额商誉越大。表 4-12 的第(2)、(3)列为检验“当企业拥有高额商誉资产时，上市公司信息透明度越低，进而导致股票错误定价程度越高”的回归结果。其中，表 4-12 第(2)列高额商誉(HGW)这一变量的回归系数在 10%的水平上显著为正，该结果表明当企业拥有高额商誉资产时，上市公司信息透明度越低。表4-12的第(3)列是以股票错误定价(Abs_Misp)为被解释变量的回归结果，高额商誉(HGW)这一变量的回归系数均在1%的水平上显著为正。该回归结果表明，拥有高额商誉资产的企业股票错误定价程度更高。综合表4-12第(2)、(3)列的回归结果，可以看出该回归结果验证了我们的假设，即超额商誉对股票错误定价的影响在拥有高额商誉资产的上市公中有所体现司，当企业拥有高额商誉资产时，上市公司信息透明度越低，股票错误定价程度越高。

表4-12　高额商誉与股票错误定价

变量	GW_excess	Opaque	Abs_Misp
	(1)	(2)	(3)
HGW	0.0509***	0.0061*	0.0965***
	(36.366)	(1.815)	(3.530)
Size	−0.0016*	−0.0043*	−0.3924***
	(−1.807)	(−1.736)	(−18.007)
Age	−0.0000	0.0003	−0.0226***
	(−0.026)	(0.770)	(−5.485)
ROA	−0.0082	0.0311	2.9271***
	(−0.627)	(0.869)	(9.500)
Lev	−0.0306***	0.0461***	1.2754***
	(−5.726)	(3.364)	(11.865)
Liquidity	−0.0769***	0.1258***	−0.0272
	(−14.467)	(10.089)	(−0.279)
Boardsize	−0.0067*	−0.0359***	−0.0018
	(−1.765)	(−3.864)	(−0.021)
Shrhfd5	−0.0174***	−0.0103	−0.0455
	(−2.871)	(−0.573)	(−0.283)

续表

变量	GW_excess	Opaque	Abs_Misp
	(1)	(2)	(3)
FNP	0.0018	0.0260***	0.0282
	(1.155)	(1.546)	(7.418)
Analyst	−0.0007	−0.0015	0.0822***
	(−1.213)	(−0.984)	(6.242)
_cons	0.0882***	0.2531***	10.0914***
	(4.788)	(5.020)	(22.261)
Year	YES	YES	YES
Industry	YES	YES	YES
Province	YES	YES	YES
N	16177	11926	16177
Adjusted R^2	0.2500	0.1889	0.2522

4.6　本章小结

本章研究了超额商誉对股票错误定价的影响及其作用的机理。研究表明，上市公司的超额商誉资产规模越大，则其股票错误定价程度越高。其原因在于，上市公司的超额商誉资产越多，会使得其信息透明度降低，进而导致股票错误定价程度越高。在进一步的分析中，本章还深入分析了超额商誉对股票错误定价影响的具体方向，研究结果表明，上市公司超额商誉规模越大时，股价高估程度越高。同时，本章还进一步研究了高质量审计的调节作用，研究结果表明高质量审计能发挥有效的外部治理机制的作用，提高企业的信息透明度，进而降低超额商誉对于股票错误定价程度的影响。最后，本章研究了高额商誉与超额商誉之间的关联，研究结果表明当企业拥有高额商誉资产时，超额商誉规模更大，并且超额商誉对股票错误定价的影响在拥有高额商誉资产的上市公司中有所体现，即当上市公司拥有高额商誉资产时，会使得其信息透明度越低，进而导致股票错误定价程度越高。本章的研究为上市公司、投资者以及监管当局更深刻地理解超额商誉对股票错误定价的影响提供了经验证据和重要启示。

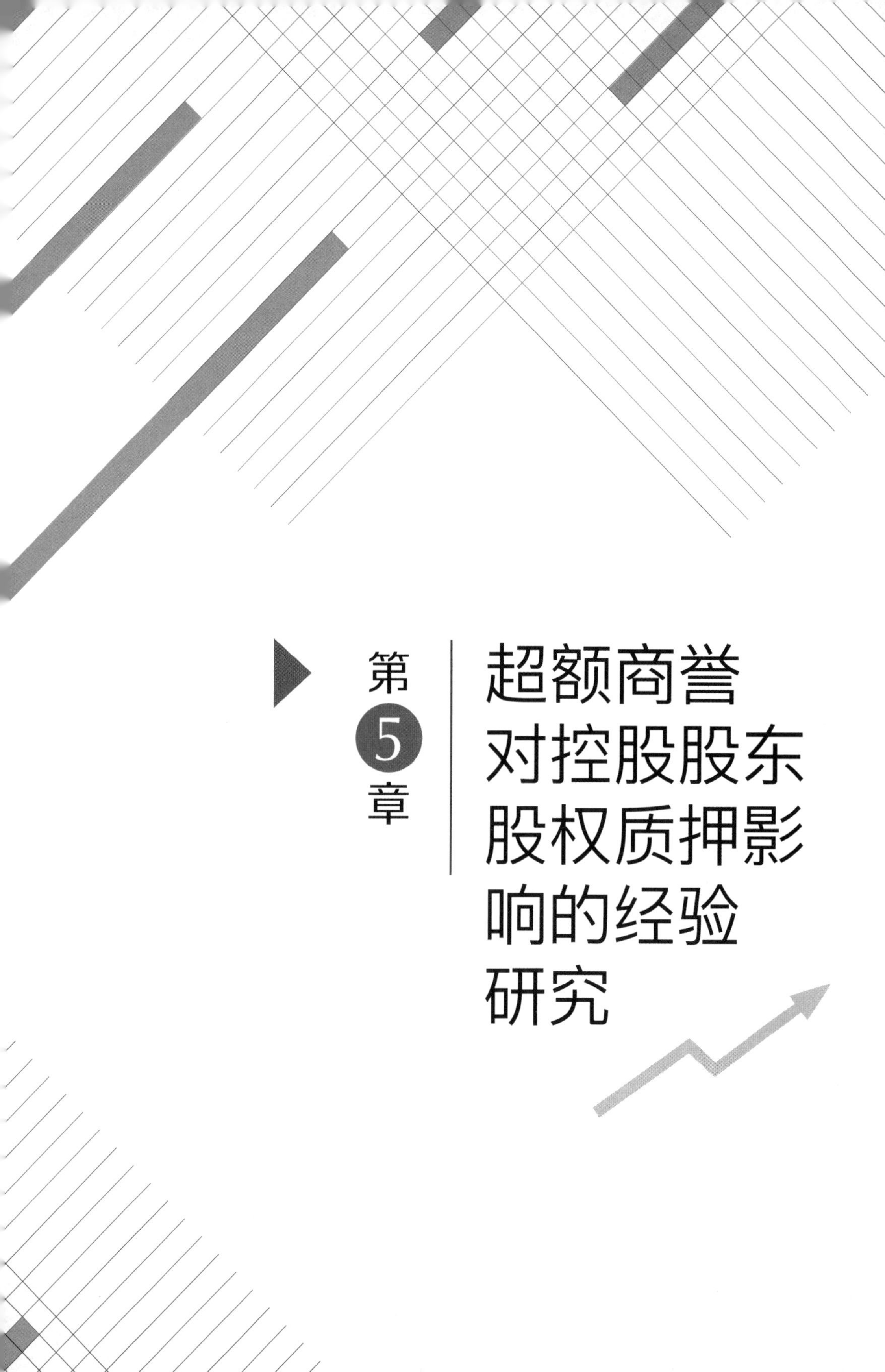

第5章 超额商誉对控股股东股权质押影响的经验研究

5.1　引言

近年来,中国上市公司高额商誉问题引起了监管部门的广泛关注,证监会 2016 年和 2017 年连续两年披露的《上市公司年报会计监管报告》的统计数据均显示,商誉占并购对价的比例高达 90%以上。2018 年证监会披露的《上市公司年报会计监管报告》则直接指出商誉在初始确认时存在虚高。同时,《上市公司年报会计监管报告》还指出上市公司在商誉减值的披露中存在诸多机会主义行为,而上市公司在商誉减值中的机会主义行为会进一步加剧商誉资产虚高问题。商誉的虚高意味着商誉资产中除了包含合理商誉部分,还包括高估了未来可获得协同效应部分的超额商誉。那么企业为什么愿意在产权交易中为高估协同效应的部分买单呢?是不是由于超额商誉的支付能为企业内部人带来其他的便利之处呢?

在高额商誉问题引起监管部门广泛关注的同时,中国资本市场上出现商誉与股权质押双高股的逻辑是什么?商誉来源于企业在并购重组中所支付的溢价,而企业在并购重组中的非理性高溢价支付是导致高额商誉的重要因素。现有的研究表明,高额商誉可能是财务型并购、做大市值来为股东提供套利空间等非理性因素或者自利动机驱动下的产物(孙瑞泽,2020),同时,在低违约成本的业绩承诺制度下,虚高的业绩承诺会导致商誉资产在确认时存在虚高(李晶晶 等,2020)。这也就意味着高额商誉中可能蕴含了一部分对未来可获得协同效应的高估(即超额商誉)。股权质押是股东向质权人出质其持有的股权来进行融资或者套现的行为,聪明的股东会选择更有利的时机来质押其股权以更好地满足自身的融资需求。那么超额商誉的存在是否能为控股股东股权质押创造更为有利的时机,进而使得企业在产权交易中愿意支付这部分成本?在股权质押业务快速发展的同时,股权质押风险特别是股权质押爆仓风险不断显现。现有的文献对于股东股权质押行为特征的研究多从资本市场的视角出发,认为股东的股权质押行为更有可能发生在股票回报率较高时(李旎、郑国坚,2015)或者股价高估时(徐寿福等,2016),但是对于商誉与股权质押双高股出现的逻辑缺乏合理的解释。因此,进一步深入分析股东的股权质押行为特征对于防范股权质押风险、维护金融市场稳定具有重要意义。

本章研究了超额商誉对控股股东股权质押行为的影响并提出了相应的政策性建议。本章可能的创新体现在以下三个方面:第一,将超额商誉与控股股东股权质押行为联系起来,揭示了超额商誉对控股股东股权质押具有显著的影响,丰富了超额商誉经济后果以及股权质押影响因素方面的研究文献。第二,为企业在产权交易中支付超额商誉的动机提供了解释,即超额商誉能为控股股东股权质押创造更为有利的时机,进而使得企业愿意在产权交易中支付这部分成本。第三,为近年来中国资本市场上出现的商誉与股权质押双高股这一现象提供了解释,使得本研究能更好地服务资本市场的实践。本章的研究为监管部门、投资者更深刻地理解控股股东股权质押行为特征提供了经验证据和政策启示。

5.2 理论分析与研究假设

从中国会计准则对于商誉的定义可知,商誉直接来源于企业在并购重组中所支付的溢价,可将其视为企业在产权交易中所支付的成本。而超额商誉可以理解为企业在并购重组中支付的高估了未来可获得的协同效应的部分,是无法为企业未来带来超额盈利能力的资产。既然超额商誉是无法为企业带来超额盈利能力的资产,那么企业为什么愿意在产权交易中支付这部分成本?是不是由于超额商誉的支付能为企业内部人带来其他的便利呢？股权质押是股东向质权人出质其持有的股权来进行融资或者套现的行为，超额商誉的支付是否能为控股股东股权质押创造更为有利的条件进而使企业愿意在并购交易中支付这部分成本呢？

现有研究表明，能为企业带来超额盈利能力的商誉会得到资本市场的正面反馈，进而带来当期企业市场价值的提升（Henning et al.，2000；冯科、杨威，2018）。但是，基于中国资本市场数据的分析发现，拥有高额商誉的上市公司存在一定程度的股价泡沫（杨威 等，2018），这也就意味着资本市场对于高额商誉的正面反馈大于高额商誉实际所能带来的企业价值的提升。为什么拥有高额商誉资产的上市公司存在一定程度的股价泡沫呢？总结来看，其原因为：高额商誉中可能包含更高程度的超额商誉，而投资者对这部分高估的商誉也给予了正面反馈（杨威 等，2018），但是当高估的商誉所代表的超额盈利能力不能实现时，企业不会及时准确地公布商誉真实价值的相关信息，进而导致投资者无法及时修正对于高估部分的正面反馈，最终体现为存在一定程度的股价泡沫。具体来看，高额商誉来源于高溢价，而并购溢价与管理层过度自信（Malmendier and Tate，2008）、锚定效应（陈仕华、李维安，2016）等非理性因素正相关，这意味着高额商誉中可能蕴含着更多非理性因素导致的对并购后可获得的超额盈利能力的高估。而投资者难以辨别合理商誉以及超额商誉，将超额商誉也视为可为企业带来超额盈利能力的资产，进而也会对其给予正面的市场反馈。当超额商誉所代表的超额盈利能力不能实现，存在商誉减值迹象且需计提商誉减值时，上市公司不愿意及时以及足额计提商誉减值（Hayn and Hughes，2006；高榴、袁诗淼，2017）。因为计提商誉减值不仅会直接降低当期收益（Darrough et al.，2014），而且会对上市公司股票产生负面冲击（Li et al.，2011；Jarva，2014）。在这种情形下，投资者无法及时准确地获取商誉真实价值的相关信息，进而可能对上市公司的评价存在偏误，具体体现为投资者无法及时修正对于商誉资产高估部分的正面反馈，以及存在一定程度的股价泡沫程度（即股价高估）。上述分析表明，拥有高额商誉资产的上市公司存在一定程度的股价泡沫的原因在于其中可能包含一定程度的超额商誉，而超额商誉规模越大，会导致投资者过度正面反馈的程度越高，但是由于上市公司在商誉减值中存在机会主义行为，导致过度正面反馈的部分无法得到修正，进而会使得股价泡沫（股价高估程度）越高。

超额商誉对股票价格产生影响的能力可能使得超额商誉对控股股东股权质押行为产生影响。股票价格是股东通过股权质押可融资或套现金额的重要决定因素，股权质押合同的参考价格为股票质押前 7 日的收盘均价，这意味着控股股东在股权质押前 7 日的收盘均价越为有利，则其质押相同数量的股权可以获得越多的资金。因此，上市公司股东通常会选择股票回报率较高时来质押其股权（李旎、郑国坚，2015）或者选择在股价高估时来质押其股权（徐寿福 等，2016），主要原因是股票回报率较高或者股价高估程度越高时，股东通过股权质押可融资或者套现的金额越大。前文的分析指出，超额商誉规模越大时会使得股价高估程度越高，此时处于信息优势地位以及聪明的控股股东会选择利用这一时机进行股权质押来满足自身的融资或者套现需求。因此，本章提出如下假设：

假设 H5-1：当超额商誉规模更大时，控股股东通过股权质押进行外部融资的规模更大。

5.3　研究设计

5.3.1　样本选取与数据来源

“商誉”这一会计科目在《企业会计准则》（2006）发布后从无形资产中独

立出来。本研究选取 2007—2019 年沪深 A 股上市公司为初始样本，样本处理过程如下：剔除 ST 股、* ST 股，剔除金融行业样本，剔除商誉净额及其他关键变量缺失的样本。本章所使用的控股股东股权质押数据来自 CSMAR 数据库中“股权质押”子库，商誉数据以及上市公司的其他财务数据也均来自 CSMAR 数据库。为了减少极端值对本章结论的影响，对所有连续型变量在 1%和 99%的分位数上进行缩尾处理。此外，在所有的回归中，对标准误进行公司层面的聚类处理。

5.3.2　关键变量的定义

(1)超额商誉

根据魏志华和朱彩云(2019)的研究文献，运用商誉期望模型的回归残差来度量超额商誉(GW_excess)。在后文的稳健性检验中，借鉴 Ramanna (2008)以及魏志华和朱彩云(2019)对超额商誉的定义，用企业经总资产标准化后的商誉减去当年行业内所有企业经总资产标准化后的商誉的中位数来表示超额商誉。具体的计算方法与 4.3.2 节一致。

(2)控股股东股权质押规模

控股股东股权质押规模的度量分别用控股股东当期新增股权质押占其持有股数的比例(Pledge_Per1)以及控股股东当期新增股权质押占上市公司总股数的比例(Pledge_Per2)，具体的计算方法为：Pledge_Per1＝控股股东当期新增股权质押/控股股东持有上市公司股数，Pledge_Per2＝控股股东当期新增股权质押/上市公司总股数。

在稳健性检验中，控股股东股权质押规模的度量分别用控股股东当期股权质押的剩余量占其持有股数的比例(Pledge_Per3)以及控股股东当期股权质押剩余量占上市公司总股数的比例(Pledge_Per4)，具体的计算方法为：Pledge_Per3＝控股股东当期股权质押剩余量/控股股东持有上市公司股数，

Pledge_Per4＝控股股东当期股权质押剩余量/上市公司总股数。

(3)股票错误定价

在机制检验部分，需用到股票错误定价指标。对股票错误定价的衡量借鉴了 Myers(1999)以及游家兴和吴静(2012)的方法，采用剩余收益模型进行计算，具体的计算方法与 4.3.2 节一致，用 Misp 来表示股票错误定价，Misp 大于 0 表示股价高估，Misp 小于 0 表示股价低估。

(4)股价大幅下跌风险

在进一步分析部分，需用到股价大幅下跌风险指标。借鉴 Hutton 等(2009)以及倪骁然和刘士达(2020)的方法，股价大幅下跌风险分别采用负收益偏态系数(NCSKEW)以及收益上下波动比率(DUVOL)来度量。这两个指标的计算过程具体包括以下三个步骤。

第一步，估计模型(5.1)，得到回归残差$\varepsilon_{i,j}$。其中$R_{i,t}$表示股票 i 第 t 期考虑现金红利再投资的周收益率，$R_{m,t}$表示经流通市值加权平均法计算的第 t 期市场周收益率。

$$R_{i,t}=\pi_0+\pi_1 R_{m,t-2}+\pi_2 R_{m,t-1}+\pi_3 R_{m,t}+\pi_4 R_{m,t+1}+\pi_5 R_{m,t+2}+\varepsilon_{i,t} \tag{5.1}$$

第二步，根据公式(5.2)将得到的回归残差进行对数转换，得到的结果表示股票 i 第 t 期的周特定收益率。

$$W_{i,t}=\ln(1+\varepsilon_{i,t}) \tag{5.2}$$

第三步，基于公式(5.3)计算负收益偏态系数(NCSKEW)，其中，公式(5.3)中的 n 表示股票 i 在第 t 年交易的周数。计算得出的指标越大，意味着股价大幅下跌的风险越大。

$$\mathrm{NCSKEW}_{i,t}=-\left[n(n-1)^{\frac{3}{2}}\sum w_{i,t}^{3}\right]/\left[(n-1)(n-2)\left(\sum w_{i,t}^{2}\right)^{3/2}\right] \tag{5.3}$$

基于公式(5.4)计算收益上下波动比率(DUVOL)。公式(5.4)中的n_u

表示第 t 年股票 i 的周特定收益高于第 t 年股票 i 平均特定收益的周数，n_d 表示第 t 年股票 i 的周特定收益低于第 t 年股票 i 平均特定收益的周数；$\sum_{down} w_{i,t}^2$ 表示第 t 年股票 i 的周特定收益低于第 t 年股票 i 平均特定收益所有周数的特定收益平方加总，$\sum_{up} w_{i,t}^2$ 表示第 t 年股票 i 的周特定收益高于第 t 年股票 i 平均特定收益所有周数的特定收益平方加总。计算出的指标数值越大，意味着股价大幅下跌的风险越大。

$$\mathrm{DUVOL}_{i,t} = \lg\{[(n_u - 1)\sum_{down} w_{i,t}^2]/[(n_d - 1)\sum_{up} w_{i,t}^2]\} \tag{5.4}$$

5.3.3　模型设定

为了检验假设 H5-1，将回归模型设定为：

$$\begin{aligned} &\mathrm{Pledge\_Per1}_{i,t}(\mathrm{Pledge\_Per2}_{i,t}) = \alpha_0 + \alpha_1 \mathrm{GW\_excess}_{i,t} + \\ &\alpha_2 \mathrm{Controls}_{i,t} + \sum \mathrm{Year}_t + \sum \mathrm{Industry}_j + \sum \mathrm{Province}_k + \varepsilon_{i,t} \end{aligned} \tag{5.5}$$

其中，被解释变量为当期控股股东股权质押规模，分别用控股股东当期新增股权质押占其持有股数的比例（Pledge_Per1）以及控股股东当期新增股权质押占上市公司总股数的比例（Pledge_Per2）表示，具体变量的定义如表 5-1 所示。GW_excess 为解释变量，用来度量超额商誉规模的大小。借鉴任力和何苏燕（2020）的研究，拟进行控制的控制变量（Controls）主要包括企业年龄（Age）、企业规模（Size）、净利润增长率（Growth）、杠杆率（Lev）、现金资产比率（Cash）、是否两职合一（Dual）、独立董事比例（Indep）、董事会规模（Boardsize）、托宾 Q 值（TQ）。此外，还控制了年度（Year）、行业（Industry）以及企业所在省份（Province）固定效应。若模型（5.5）中回归系数 α_1 显著为正，则意味着“当企业的商誉规模更高时，控股股东通过股权质押进行外部融资的规模更大”，即假设 H5-1 得到支持。

表 5-1 变量定义

变量符号	变量名称	变量定义
Pledge_Per1	控股股东股权质押规模	控股股东当期新增股权质押/控股股东持有上市公司股数
Pledge_Per2	控股股东股权质押规模	控股股东当期新增股权质押/上市公司总股数
GW_excess	超额商誉	商誉期望模型的回归残差
GW_excess1	超额商誉	经总资产标准化后的商誉减去行业内企业标准化商誉的中位数
Size	企业规模	期末总资产取对数
Age	企业年龄	企业上市年数
Growth	净利润增长率	(期末净利润－期初净利润)/期初净利润
Lev	杠杆率	期末总负债/期末总资产
Cash	现金资产比率	期末现金及现金等价物余额/期末总资产
Dual	是否两职合一	若董事长和总经理两职合一,取值为 1,否则为 0
Indep	独立董事比例	独立董事人数/董事会总人数
Boardsize	董事会规模	董事总人数取对数
TQ	托宾 Q 值	期末市值/期末总资产

5.4 实证结果分析

5.4.1 描述性统计

表 5-2 展示了关键变量的描述性统计结果。控股股东当期新增股权质押占其持有股数的比例(Pledge_Per1)均值为 0.0605,最大值为 0.9460,这

说明在研究样本中,控股股东当期新增股权质押占其持有股数的比例的均值为 6.05%,控股股东当期新增股权质押占其持有股数的比例的最大值为 94.60%;控股股东当期新增股权质押占上市公司总股数的比例(Pledge_Per2)均值为 0.0315,最大值为 0.5144,这说明在研究样本中,控股股东当期新增股权质押占上市公司总股数比例的均值为 3.15%,控股股东当期新增股权质押占上市公司总股数的比例的最大值为 51.44%。超额商誉的两个代理变量 GW_excess、GW_excess1 的均值均大于中位数,说明 GW_excess、GW_excess1 呈右偏分布,部分上市公司超额商誉规模较大。股票错误定价指标(Misp)均值为 1.7606,中位数为 1.5983,均大于 0,这表明从平均水平来看,中国上市公司股价存在高估。

表 5-2　变量描述性统计结果

变量	观测值	均值	标准差	最小值	中位数	最大值
Pledge_Per1	13947	0.0605	0.1815	0.0000	0.0000	0.9460
Pledge_Per2	13947	0.0315	0.0888	0.0000	0.0000	0.5144
GW_excess	13947	−0.0036	0.0463	−0.1134	−0.0041	0.2248
GW_excess1	13947	0.0136	0.0528	−0.1999	0.0000	0.4942
Misp	13947	1.7606	1.1965	−8.2077	1.5983	12.3172
Size	13947	22.1071	1.2960	19.7600	21.9127	26.1355
Age	13947	16.0038	5.4333	4.0000	16.0000	30.0000
Growth	13947	0.5404	5.4801	−24.2513	−0.0088	33.4076
Lev	13947	0.4304	0.2046	0.0482	0.4300	0.8603
Cash	13947	0.1755	0.1346	0.0130	0.1351	0.6494
Dual	13947	0.2190	0.4136	0.0000	0.0000	1.0000
Indep	13947	0.3696	0.0519	0.3077	0.3333	0.5714
Boardsize	13947	2.1688	0.1961	1.6094	2.1972	2.7081
TQ	13947	2.0151	1.1862	0.9092	1.6294	7.5767

5.4.2 超额商誉与控股股东股权质押

当超额商誉规模更大时,控股股东通过股权质押进行外部融资的规模是否更大呢? 表 5-3 汇报了假设 H5-1 的检验结果。第(1)、(2)列是以控股股东当期新增股权质押占其持有股数的比例(Pledge_Per1)为被解释变量的回归结果,超额商誉(GW_excess)的回归系数均在 1%的水平上显著为正。第(3)、(4)列是以控股股东当期新增股权质押占上市公司总股数的比例(Pledge_Per2)为被解释变量的回归结果,超额商誉(GW_excess)的回归系数均在 1%的水平上显著为正。该回归结果表明,当企业的超额商誉规模(GW_excess)更大时,控股股东通过股权质押进行外部融资的规模更大,即假设 H5-1 得到了实证支持。

就控制变量的回归结果而言,企业规模(Size)、杠杆率(Lev)、企业年龄(Age)、现金资产比率(Cash)、净利润增长率(Growth)、是否两职合一(Dual)、董事会规模(Boardsize)的回归系数显著。具体地,企业规模(Size)的回归系数在 1%的水平上显著为负,这意味着随着企业规模的扩大,控股股东通过股权质押进行外部融资的规模越小;企业年龄(Age)的回归系数在 1%的水平上显著为负,这说明上市年数更长的企业,控股股东通过股权质押进行外部融资的规模更小;净利润增长率(Growth)的回归系数显著为正,这说明企业净利润增长率越大,控股股东通过股权质押进行外部融资的规模越大;杠杆率(Lev)的回归系数在 1%的水平上显著为正,这意味着杠杆率越大的企业,控股股东通过股权质押进行外部融资的规模越大;现金资产比率(Cash)的回归系数在 1%的水平上显著为负,这说明企业现金资产比率越大,控股股东通过股权质押进行外部融资的规模越小;是否两职合一(Dual)的回归系数在 1%的水平上显著为正,这说明董事长和总经理两职合一的企业控股股东通过股权质押进行外部融资的规模更大;董事会规模

(Boardsize)的回归系数显著为负，这说明当董事会规模越大时，控股股东通过股权质押进行外部融资的规模越小。其他控制变量对控股股东股权质押的影响不显著。

表 5-3　超额商誉与控股股东股权质押

变量	Pledge_Per1		Pledge_Per2	
	(1)	(2)	(3)	(4)
GW_excess	0.2803 ***	0.2794 ***	0.0776 ***	0.0788 ***
	(5.009)	(4.998)	(3.453)	(3.513)
Size		−0.0142***		−0.0082***
		(−7.425)		(−7.782)
Age		−0.0012***		−0.0005**
		(−2.641)		(−1.964)
Growth		0.0008**		0.0003**
		(2.357)		(2.274)
Lev		0.0412***		0.0353***
		(3.253)		(5.202)
Cash		−0.0588***		−0.0258***
		(−3.775)		(−3.301)
Dual		0.0272***		0.0096***
		(5.317)		(3.892)
Indep		−0.0171		−0.0147
		(−0.432)		(−0.740)
Boardsize		−0.0267**		−0.0169 ***
		(−2.381)		(−2.958)
TQ		0.0001		−0.0009
		(0.075)		(−0.996)
_cons	−0.0330**	0.3357***	0.0117	0.2253***
	(−2.121)	(7.080)	(1.060)	(8.626)

续表

变量	Pledge_Per1		Pledge_Per2	
	(1)	(2)	(3)	(4)
Year	YES	YES	YES	YES
Industry	YES	YES	YES	YES
Province	YES	YES	YES	YES
N	13947	13947	13947	13947
Adjusted R^2	0.0510	0.0652	0.0360	0.0510

5.4.3 稳健性检验

5.4.3.1 替换关键变量的度量指标

(1)替换控股股东股权质押规模的度量指标。

在前文的分析中,被解释变量选择的是控股股东当期新增股权质押占其持有股数的比例(Pledge_Per1)以及控股股东当期新增股权质押占上市公司总股数的比例(Pledge_Per2)。在此处将被解释变量替换为控股股东当期股权质押的剩余量,分别用控股股东当期股权质押的剩余量占其持有股数的比例(Pledge_Per3)以及控股股东当期股权质押剩余量占上市公司总股数的比例(Pledge_Per4)来表示。表 5-4 的第(1)、(2)列是以控股股东当期股权质押的剩余量占其持有股数的比例(Pledge_Per3)为被解释变量的回归结果,超额商誉(GW_excess)的回归系数均在 1%的水平上显著为正。第(3)、(4)列是以控股股东当期股权质押剩余量占上市公司总股数的比例(Pledge_Per4)为被解释变量的回归结果,超额商誉(GW_excess)的回归系数均在1%的水平上显著为正。该结果说明,更换控股股东股权质押规模的度量指标后,超额商誉对控股股东股权质押行为的影响与前文的研究结论保持一致。

表 5-4　替换控股股东股权质押规模度量指标的稳健性检验

变量	Pledge_Per3		Pledge_Per4	
	(1)	(2)	(3)	(4)
GW_excess	0. 1624***	0. 1663***	0. 0350***	0. 0378***
	(3. 486)	(3. 525)	(2. 597)	(2. 781)
Size		−0. 0125***		−0. 0063***
		(−8. 571)		(−9. 006)
Age		−0. 0003		−0. 0002
		(−0. 957)		(−0. 991)
Growth		0. 0008***		0. 0003***
		(3. 136)		(3. 112)
Lev		0. 0412***		0. 0253***
		(4. 135)		(5. 498)
Cash		−0. 0286**		−0. 0105*
		(−2. 300)		(−1. 939)
Dual		0. 0171***		0. 0059***
		(4. 390)		(3. 703)
Indep		−0. 0019		−0. 0072
		(−0. 065)		(−0. 571)
Boardsize		−0. 0224**		−0. 0133***
		(−2. 515)		(−3. 367)
TQ		−0. 0010		−0. 0008
		(−0. 734)		(−1. 351)
_cons	−0. 0223*	0. 2845***	0. 0067	0. 1667***
	(−1. 744)	(7. 842)	(0. 939)	(9. 445)
Year	YES	YES	YES	YES
Industry	YES	YES	YES	YES
Province	YES	YES	YES	YES

续表

变量	Pledge_Per3		Pledge_Per4	
	(1)	(2)	(3)	(4)
N	13947	13947	13947	13947
Adjusted R^2	0.0287	0.0423	0.0287	0.0471

(2)替换超额商誉的度量指标。

为了避免由于超额商誉度量指标的不同而导致估计结果不稳健,在此更换超额商誉的度量指标进行稳健性检验。在前文的分析中,超额商誉是通过计算商誉期望模型的回归残差来度量的。在稳健性检验中,借鉴Ramanna(2008)以及郭照蕊和黄俊(2020)对超额商誉的定义,用企业经总资产标准化后的商誉减去行业内企业标准化商誉的中位数来表示,记为GW_excess1。替换超额商誉度量指标后,重新对假设 H5-1 进行检验,回归结果如表 5-5 所示。表 5-5 的第(1)、(2)列是以控股股东当期新增股权质押占其持有股数的比例(Pledge_Per1)为被解释变量的回归结果,其中:第(1)列是没有加入控制变量,但是控制年份固定效应、行业固定效应以及省份固定效应的回归结果,超额商誉(GW_excess1)的回归系数在 1%的水平上显著为正;第(2)列为同时加入控制变量、年份固定效应、行业固定效应以及省份固定效应的回归结果,超额商誉(GW_excess1)的回归系数在 1%的水平上显著为正。第(3)、(4)列是以控股股东当期新增股权质押占上市公司总股数的比例(Pledge_Per2)为被解释变量的回归结果,其中:第(3)列是没有加入控制变量,但是控制年份固定效应、行业固定效应以及省份固定效应的回归结果,超额商誉(GW_excess1)的回归系数在 1%的水平上显著为正;第(4)列为同时加入控制变量、年份固定效应、行业固定效应以及省份固定效应的回归结果,超额商誉(GW_excess1)的回归系数在 1%的水平上显著为正。该回归结果表明,更换超额商誉的度量指标后,假设 H5-1 依然得到实证支持。

表 5-5　替换超额商誉度量指标的稳健性检验

变量	Pledge_Per1		Pledge_Per2	
	(1)	(2)	(3)	(4)
GW_excess1	0.3147***	0.2841***	0.0978***	0.0866***
	(6.271)	(5.685)	(4.988)	(4.446)
Size		−0.0138***		−0.0081***
		(−7.192)		(−7.660)
Age		−0.0011**		−0.0005*
		(−2.400)		(−1.825)
Growth		0.0007**		0.0003**
		(2.241)		(2.198)
Lev		0.0418***		0.0356***
		(3.307)		(5.267)
Cash		−0.0571***		−0.0250***
		(−3.681)		(−3.203)
Dual		0.0254***		0.0091***
		(4.969)		(3.664)
Indep		−0.0181		−0.0150
		(−0.460)		(−0.755)
Boardsize		−0.0259**		−0.0166***
		(−2.313)		(−2.916)
TQ		−0.0001		−0.0010
		(−0.037)		(−1.057)
_cons	−0.0320**	0.3244***	0.0120	0.2217***
	(−2.043)	(6.845)	(1.087)	(8.500)
Year	YES	YES	YES	YES
Industry	YES	YES	YES	YES
Province	YES	YES	YES	YES
N	13947	13947	13947	13947

续表

变量	Pledge_Per1		Pledge_Per2	
	(1)	(2)	(3)	(4)
Adjusted R^2	0.0540	0.0667	0.0376	0.0518

5.4.3.2 控制公司层面固定效应

为了避免本研究发现的超额商誉对控股股东股权质押的影响是随公司个体变动但不随时间变动的遗漏变量所导致的，在稳健性检验中进一步控制公司层面固定效应。回归结果如表 5-6 所示，Firm 表示公司层面固定效应。表 5-6 的第(1)、(2)列是分别以控股股东当期新增股权质押占其持有股数的比例(Pledge_Per1)以及控股股东当期新增股权质押占上市公司总股数的比例(Pledge_Per2)为被解释变量的回归结果，第(1)列和第(2)列均同时控制了所有的控制变量、年份固定效应以及公司层面固定效应，超额商誉(GW_excess)的回归系数分别在 1%以及 5%的水平上显著为正。该回归结果表明控制公司层面的固定效应后，研究结论依然成立。

表 5-6 控制公司层面固定效应的稳健性检验

	Pledge_Per1	Pledge_Per2
	(1)	(2)
GW_excess	0.2992***	0.0562**
	(4.668)	(2.318)
Size	0.0129**	0.0055*
	(2.292)	(1.834)
Age	−0.0084	−0.0027
	(−1.161)	(−1.032)
Growth	0.0009***	0.0003**
	(2.887)	(2.291)

续表

	Pledge_Per1	Pledgc_Per2
	(1)	(2)
Lev	0.0137	0.0095
	(0.618)	(0.924)
Cash	−0.0553**	−0.0212**
	(−2.527)	(−2.181)
Dual	−0.0042	−0.0045
	(−0.561)	(−1.351)
Indep	−0.0295	−0.0090
	(−0.542)	(−0.412)
Boardsize	−0.0195	−0.0089
	(−1.151)	(−1.179)
TQ	0.0076***	0.0024**
	(3.728)	(2.466)
_cons	−0.1270	−0.0495
	(−0.885)	(−0.703)
Year	YES	YES
Firm	YES	YES
N	13947	13947
Adjusted R^2	0.0402	0.0150

5.4.3.3　内生性问题的处理

在本研究中，超额商誉指标的计算是基于商誉数据，商誉数据缺失的样本在研究中被剔除了，因此，可能存在样本自选择偏误，下面拟采用赫克曼两步法缓解潜在的样本自选择问题。第一步，采用 Probit 模型来估计企业是否有账面商誉，选择模型中的排除约束性变量选择的是同一年同行业中其他企业是否披露商誉金额的均值(MGW_Dum)。此外，选择模型中还包括如下控制变量：企业规模（Size）、企业年龄（Age）、净利润增长率（Growth）、杠杆率（Lev）、固定资产比率（Fixedasset）、产权性质（SOE）。第二步，将第一阶段回归得到的逆米尔斯比率（Mills）代入主回归方程，以减少潜在的样本自选择问题。回归结果如表5-7所示。表5-7的第(1)-(2)列是分别以控股股东当期新增股权质押占其持有股数的比例（Pledge_Per1）以及控股股东当期新增股权质押占上市公司总股数的比例（Pledge_Per2）为被解释变量的回归结果，超额商誉（GW_excess）的回归系数均在1%的水平上显著为正；第(3)、(4)列是分别以控股股东当期股权质押的剩余量占其持有股数的比例（Pledge_Per3）以及控股股东当期股权质押剩余量占上市公司总股数的比例（Pledge_Per4）为被解释变量的回归结果，超额商誉（GW_excess）的回归系数均在1%的水平上显著为正。该回归结果表明控制样本自选择偏误后，研究结论依然成立。

表5-7 基于赫克曼两步法的稳健性检验

变量	Pledge_Per1	Pledge_Per2	Pledge_Per3	Pledge_Per4
	(1)	(2)	(3)	(4)
GW_excess	0.2729***	0.0730***	0.1609***	0.0338***
	(8.298)	(4.583)	(6.283)	(3.235)
Size	−0.0162***	−0.0087***	−0.0135***	−0.0066***
	(−9.181)	(−10.241)	(−9.898)	(−11.783)
Age	−0.0012***	−0.0005***	−0.0003	−0.0001
	(−3.694)	(−2.933)	(−1.252)	(−1.231)
Growth	0.0008***	0.0003**	0.0009***	0.0003***
	(2.824)	(2.572)	(3.976)	(3.739)
Lev	0.0357***	0.0312***	0.0368***	0.0226***
	(3.403)	(6.163)	(4.524)	(6.834)

续表

变量	Pledge_Per1	Pledge_Per2	Pledge_Per3	Pledge_Per4
	(1)	(2)	(3)	(4)
Cash	−0.0612***	−0.0272***	−0.0304***	−0.0119***
	(−4.521)	(−4.160)	(−2.896)	(−2.774)
Dual	0.0261***	0.0092***	0.0167***	0.0058***
	(6.924)	(5.020)	(5.705)	(4.849)
Indep	−0.0160	−0.0142	−0.0024	−0.0073
	(−0.480)	(−0.881)	(−0.094)	(−0.690)
Boardsize	−0.0248***	−0.0160***	−0.0214***	−0.0131***
	(−2.662)	(−3.551)	(−2.960)	(−4.448)
TQ	−0.0001	−0.0010	−0.0010	−0.0008*
	(−0.048)	(−1.337)	(−0.883)	(−1.735)
_cons	0.3868***	0.2391***	0.3121***	0.1752***
	(8.505)	(10.886)	(8.856)	(12.195)
Year	YES	YES	YES	YES
Industry	YES	YES	YES	YES
Province	YES	YES	YES	YES
Mills	−0.0585***	−0.0240***	−0.0352***	−0.0143***
	(−3.872)	(−3.285)	(−2.991)	(−2.986)
N	16885	16885	16885	16885

5.5　进一步分析

前文的研究发现，当企业的超额商誉规模更大时，控股股东通过股权质押进行外部融资的规模更大，但是尚未对二者产生影响的机理进行进一步的分析。在我国并购市场上，高溢价并购的盛行使得企业确认了高额商誉。

高额商誉与超额商誉有什么关联？是否拥有高额商誉资产的企业股价高估程度更高进而导致控股股东股权质押规模更大呢？超额商誉对控股股东股权质押行为的影响是否因审计质量的不同以及企业产权性质的不同而存在差异呢？控股股东在超额商誉规模较大时质押股权是不是一种高风险行为呢？接下来拟对上述问题进行进一步的深入分析。

5.5.1 超额商誉对控股股东股权质押产生影响的机理

超额商誉会对控股股东股权质押行为产生影响，其产生影响的原因是什么？股东的股权质押行为具有择时性，其择时性体现在股东会选择在股票回报率较高时来质押其股权（李旎、郑国坚，2015）或者选择在股价高估时来质押其股权（徐寿福 等，2016）。超额商誉规模越大，是否会使得股价高估程度越高，进而使得控股股东选择在当期股权质押的规模越大？

表 5-8 为对上述假设进行检验的回归结果。需要说明的是，股票错误定价（Misp）大于 0，表示股价高估；小于 0，则表示股价低估。结合表 5-2 中股票错误定价（Misp）的描述性统计结果来探讨，其均值以及中位数均大于 0，即从平均水平来看，中国上市公司的股价存在高估。由此可见，在我国股票市场上，股价高估比较普遍。根据股票错误定价（Misp）这一指标按照 1/3 分位数将样本分为两组，即股价高估程度较低组（OV＝0）以及股价高估程度较高组（OV＝1），小于 1/3 分位数的为股价高估程度较低组，大于 1/3 分位数的为股价高估程度较高组。表 5-8Pledge_Per1 对应的两列是以控股股东当期新增股权质押占其持有股数的比例（Pledge_Per1）为被解释变量的回归结果，Pledge_Per2 对应的两列是以控股股东当期新增股权质押占上市公司总股数的比例（Pledge_Per2）为被解释变量的回归结果。回归结果显示，无论是以控股股东当期新增股权质押占其持有股数的比例（Pledge_Per1）为被解释变量，还是以控股股东当期新增股权质押占上市公司总股数的比例

(Pledge_Per2)为被解释变量,股价高估程度较低组(OV=0)超额商誉(GW_excess)的回归系数均不显著,即超额商誉(GW_excess)对控股股东股权质押的影响不显著;而股价高估程度较高组(OV=1)超额商誉(GW_excess)的回归系数均在1%的水平上显著为正。该结果说明,超额商誉对控股股东股权质押行为的影响在股价高估程度较高时更显著。结合 4.5.2 节的研究结论(即超额商誉规模越大,会使得股价高估程度越高),我们可以得出超额商誉对控股股东股权质押行为的影响在股价高估程度较高时更显著这一结论。上述回归结果在一定程度上可以说明,超额商誉对控股股东股权质押行为产生影响的机理在于股价高估。该结论符合并购套利观(潘红波 等,2019),即超额商誉的支付能为控股股东股权质押创造更为有利的条件,进而使企业愿意在并购交易中支付这部分成本。

表 5-8　超额商誉对控股股东股权质押产生影响的机理

变量	Pledge_Per1		Pledge_Per2	
	OV=0	OV=1	OV=0	OV=1
GW_excess	0.0605	0.3211***	0.0020	0.0922***
	(0.643)	(5.114)	(0.046)	(3.678)
Size	−0.0192***	−0.0110***	−0.0105***	−0.0063***
	(−6.003)	(−4.358)	(−6.127)	(−4.594)
Age	−0.0009	−0.0012**	−0.0002	−0.0005*
	(−1.125)	(−2.028)	(−0.389)	(−1.649)
Growth	0.0001	0.0010**	0.0004*	0.0003
	(0.108)	(2.482)	(1.678)	(1.390)
Lev	0.0628***	0.0342**	0.0374***	0.0330***
	(2.902)	(2.234)	(3.362)	(4.126)
Cash	−0.0778***	−0.0507***	−0.0455***	−0.0183*
	(−2.854)	(−2.779)	(−3.497)	(−1.924)
Dual	0.0300***	0.0256***	0.0112***	0.0085***
	(3.377)	(4.338)	(2.867)	(2.883)

续表

变量	Pledge_Per1		Pledge_Per2	
	OV=0	OV=1	OV=0	OV=1
Indep	0.0201	−0.0367	−0.0146	−0.0111
	(0.345)	(−0.740)	(−0.571)	(−0.431)
Boardsize	0.0050	−0.0440***	−0.0060	−0.0230***
	(0.330)	(−3.017)	(−0.845)	(−3.048)
TQ	0.0032	0.0000	−0.0008	−0.0012
	(0.442)	(0.009)	(−0.220)	(−1.263)
_cons	0.3839***	0.3072***	0.2427***	0.1977***
	(4.666)	(5.123)	(5.445)	(6.045)
Year	YES	YES	YES	YES
Industry	YES	YES	YES	YES
Province	YES	YES	YES	YES
N	4649	9298	4649	9298
Adjusted R^2	0.0772	0.0645	0.0712	0.0456

5.5.2 高额商誉与控股股东股权质押

截至2019年底，中国沪深两市的商誉余额仍处于高位，日后监管的重点之一是严防高额商誉增量。之所以要严防高额商誉增量是因为高额商誉可能是财务型并购、为股东提供套利空间等非理性或自利动机驱动下的产物（孙瑞泽，2020），这也就意味着高额商誉中可能蕴含更高程度的超额商誉。在前文的理论分析部分已指出，高额商誉中可能包含更高程度的超额商誉，接下来将通过实证分析来验证拥有高额商誉资产的上市公司的超额商誉规模是否更大。近年来，中国资本市场上出现了商誉与股权质押双高股，商誉与股权质押双高股出现的逻辑是什么？是否拥有高额商誉资产的上市公司股价高估程度更高，进而使得控股股东股权质押的规模更大？

在前文的实证分析中，超额商誉主要用商誉期望模型的回归残差来表示，该残差即实际商誉与预期合理商誉的差额。相较于超额商誉，高额商誉是一个更加直观的概念，其内涵为上市公司的商誉资产处于比较高的水平，现有的文献通常将上市公司的商誉规模与行业年度中位数进行比较，若高于该中位数，则认为上市公司拥有高额商誉资产。生成变量 HGW 用来表示企业是否拥有高额商誉资产。若企业商誉规模高于行业年度中位数，则企业拥有高额商誉资产，HGW 取值为 1；若企业商誉规模小于等于行业年度中位数，HGW 取值为 0。回归结果如表 5-9 所示。表 5-9 的第(1)列为检验“当企业拥有高额商誉资产时，超额商誉越大”的回归结果，高额商誉(HGW)这一变量的回归系数在 1%的水平上显著为正。该回归结果表明，当企业拥有高额商誉资产时，超额商誉更大。表 5-9 的第(2)～(4)列为检验“拥有高额商誉资产的上市公司当期股价高估程度更高，进而使得有融资需求的控股股东股权质押的规模更大”的回归结果。其中，表 5-9 第(2)列是以股票错误定价(Misp)为被解释变量的回归结果，高额商誉(HGW)这一变量的回归系数在 1%的水平上显著为正，在我国资本市场股价高估比较普遍的情形下，该结果表明当企业拥有高额商誉资产时，股价高估程度更高。表 5-9 的第(3)列和第(4)列分别是以控股股东当期新增股权质押占其持有股数的比例(Pledge_Per1)以及控股股东当期新增股权质押占上市公司总股数的比例(Pledge_Per2)为被解释变量的回归结果，高额商誉(HGW)这一变量的回归系数均在 1%的水平上显著为正，该结果表明当企业拥有高额商誉资产时，控股股东选择在当期股权质押的规模更大。综合表 5-9 的第(2)～(4)列的回归结果可以看出，该回归结果验证了我们的假设，即拥有高额商誉资产的上市公司当期股价高估程度更高，进而使得有融资需求的控股股东股权质押的规模更大。

表 5-9　高额商誉与控股股东股权质押

变量	GW_excess	Misp	Pledge_Per1	Pledge_Per2
	(1)	(2)	(3)	(4)
HGW	0.0376***	0.1331***	0.0251***	0.0103***
	(24.969)	(4.029)	(6.077)	(4.657)
Size	−0.0006	−0.2066***	−0.0150***	−0.0086***
	(−0.926)	(−10.108)	(−7.744)	(−8.046)
Age	0.0001	−0.0310***	−0.0011**	−0.0005*
	(0.977)	(−7.096)	(−2.397)	(−1.775)
Growth	0.0000	0.0039**	0.0008**	0.0003**
	(0.414)	(2.017)	(2.412)	(2.325)
Lev	−0.0281***	0.9754***	0.0342***	0.0334***
	(−7.140)	(8.643)	(2.694)	(4.961)
Cash	−0.0461***	0.2990**	−0.0697***	−0.0285***
	(−9.694)	(2.073)	(−4.510)	(−3.679)
Dual	−0.0037**	0.1324***	0.0260***	0.0092***
	(−2.528)	(3.275)	(5.108)	(3.745)
Indep	−0.0054	−0.1696	−0.0176	−0.0147
	(−0.504)	(−0.489)	(−0.449)	(−0.742)
Boardsize	−0.0033	0.1053	−0.0277**	−0.0172***
	(−1.068)	(1.032)	(−2.494)	(−3.017)
TQ	−0.0013**	0.3328***	−0.0003	−0.0010
	(−2.418)	(21.087)	(−0.141)	(−1.125)
_cons	0.0392***	5.4787***	0.3549***	0.2325***
	(2.789)	(10.727)	(7.458)	(8.851)
Year	YES	YES	YES	YES
Industry	YES	YES	YES	YES
Province	YES	YES	YES	YES

续表

变量	GW_excess	Misp	Pledge_Per1	Pledge_Per2
	(1)	(2)	(3)	(4)
N	13947	13947	13947	13947
Adjusted R^2	0.1712	0.2976	0.0641	0.0519

5.5.3　外部治理机制的调节作用

从前文的分析可知，超额商誉对控股股东股权质押行为产生影响的原因在于当超额商誉规模较大时，股价高估程度更高。现有的研究表明，四大会计师事务所审计能提高公司会计信息质量（Francis and Yu，2009），进而降低股价高估程度。现有的文献根据上市公司是否聘请四大会计师事务所审计来衡量审计质量的高低（郭照蕊、黄俊，2020），聘请四大会计师事务所组的审计质量高于聘请非四大会计师事务所组。因此，我们预期，相较于聘请非四大会计师事务所，当上市公司聘请四大会计师事务所时，超额商誉对控股股东股权质押的影响更小。

根据上市公司是否聘请四大会计师事务所，将研究样本分为两组，即聘请四大会计师事务所组（Big4＝1）以及聘请非四大会计师事务所组（Big4＝0），分组检验超额商誉对控股股东股权质押的影响。表 5-10 为对上述假说进行检验的回归结果。表 5-10Pledge_Per1 对应的两列是以控股股东当期新增股权质押占其持有股数的比例（Pledge_Per1）为被解释变量的回归结果，Pledge_Per2 对应的两列是以控股股东当期新增股权质押占上市公司总股数的比例（Pledge_Per2）为被解释变量的回归结果。回归结果显示，无论是以控股股东当期新增股权质押占其持有股数的比例（Pledge_Per1）为被解释变量，还是以控股股东当期新增股权质押占上市公司总股数的比例（Pledge_Per2）为被解释变量，聘请四大会计师事务所组（Big4＝1）超额商誉

(GW_excess)的回归系数均不显著,即超额商誉(GW_excess)对控股股东股权质押的影响不再显著;而聘请非四大会计师事务所组(Big4=0)超额商誉(GW_excess)的回归系数均在1%的水平上显著为正,即超额商誉(GW_excess)对控股股东股权质押依然有显著的正向影响。该回归结果表明,高质量审计能发挥有效的外部治理机制作用,提升企业的会计信息质量,降低股价高估程度,进而降低超额商誉对于控股股东股权质押行为的影响。

表 5-10 超额商誉、外部公司治理与控股股东股权质押

变量	Pledge_Per1		Pledge_Per2	
	Big4=1	Big4=0	Big4=1	Big4=0
GW_excess	0.1592	0.2867***	0.0374	0.0841***
	(0.775)	(4.968)	(0.343)	(3.664)
Size	−0.0080*	−0.0128***	−0.0049	−0.0078***
	(−1.781)	(−5.777)	(−1.606)	(−6.306)
Age	−0.0012	−0.0012**	−0.0011	−0.0005*
	(−0.782)	(−2.462)	(−1.141)	(−1.718)
Growth	0.0001	0.0007**	−0.0001	0.0003**
	(0.133)	(2.115)	(−0.213)	(1.962)
Lev	0.0360	0.0423***	0.0301*	0.0352***
	(1.184)	(3.171)	(1.726)	(4.928)
Cash	−0.0303	−0.0566***	−0.0371	−0.0260***
	(−0.584)	(−3.505)	(−1.074)	(−3.222)
Dual	0.0217	0.0274***	0.0081	0.0099***
	(1.385)	(5.213)	(0.900)	(3.886)
Indep	−0.1485**	−0.0039	−0.0730	−0.0078
	(−2.074)	(−0.092)	(−1.559)	(−0.363)
Boardsize	0.0030	−0.0263**	0.0051	−0.0169***
	(0.133)	(−2.225)	(0.374)	(−2.751)

续表

变量	Pledge_Per1		Pledge_Per2	
	Big4＝1	Big4＝0	Big4＝1	Big4＝0
TQ	－0.0010	0.0004	0.0004	－0.0009
	(－0.150)	(0.220)	(0.093)	(－0.937)
_cons	0.2277**	0.2954***	0.1346**	0.2115***
	(2.116)	(5.539)	(1.995)	(7.304)
Year	YES	YES	YES	YES
Industry	YES	YES	YES	YES
Province	YES	YES	YES	YES
N	848	13046	848	13046
Adjusted R^2	0.1250	0.0635	0.0811	0.0497

5.5.4　基于产权性质的异质性分析

超额商誉对控股股东股权质押行为的影响是否因企业产权性质的不同而存在差异呢？中华人民共和国财政部发布的《关于上市公司国有股权质押有关问题的通知》对国企股东股权质押的质押率、资金流向均做了较为严格的规定，明确指出股东质押的股权不能超过其持有的该上市公司股份总额的 50％，质押所得的资金不得用于买卖股票。这些规定在一定程度上会使得国有企业股东减少通过股权质押这一途径来融资。因此，我们预期：相较于国有企业，超额商誉对控股股东股权质押行为的影响在民营企业中更显著。

根据产权性质（SOE）的差异将企业分为国有企业（SOE＝1）和民营企业（SOE＝0），表 5-11 为分组回归的结果。Pledge_Per1 对应的两列是以控股股东当期新增股权质押占其持有股数的比例（Pledge_Per1）为被解释变量的回归结果，Pledge_Per2 对应的两列是以控股股东当期新增股权质押占上市公司总股数的比例（Pledge_Per2）为被解释变量的回归结果。以控股股东当期新增股权质押占其持有股数的比例（Pledge_Per1）为被解释变量时，当上市公司的产权性质为国有企业（SOE＝1）时，超额商誉（GW_excess）的回归系数不显著；而当上市公司的产权性质为民营企业（SOE＝0）时，超额商誉（GW_excess）的回归系数在 1％的水平上显著为正。以控股股东当期新增股权质押占上市公司总股数的比例（Pledge_Per2）为被解释变量时，当上市公司的产权性质为国有企业（SOE＝1）时，超额商誉（GW_excess）的回归系数不显著；而当上市公司的产权性质为民营企业（SOE＝0）时，超额商誉（GW_excess）的回归系数在 5％的水平上显著为正。该回归结果表明，超额商誉对控股股东股权质押行为的影响因企业产权性质的不同而存在差异，具体地，超额商誉对控股股东股权质押行为的影响在民营企业中更显著。

表 5-11　基于产权性质的异质性分析

变量	Pledge_Per1		Pledge_Per2	
	SOE＝1	SOE＝0	SOE＝1	SOE＝0
GW_excess	0.0819	0.2362***	0.0265	0.0561**
	(1.376)	(3.581)	(0.999)	(2.069)
Size	−0.0039***	−0.0151***	−0.0030***	−0.0064***
	(−3.013)	(−3.881)	(−3.374)	(−2.970)
Age	0.0001	−0.0005	0.0002	−0.0000
	(0.191)	(−0.627)	(0.865)	(−0.127)
Growth	−0.0001	0.0019***	−0.0000	0.0008***
	(−0.610)	(3.191)	(−0.146)	(2.899)
Lev	0.0133	0.1167***	0.0184***	0.0716***
	(1.433)	(4.973)	(3.197)	(5.856)

续表

变量	Pledge_Per1		Pledge_Per2	
	SOE=1	SOE=0	SOE=1	SOE=0
Cash	−0.0210	−0.0492**	−0.0121**	−0.0201*
	(−1.595)	(−2.101)	(−2.001)	(−1.689)
Dual	0.0004	0.0206***	−0.0016	0.0052
	(0.087)	(3.023)	(−0.704)	(1.549)
Indep	0.0278	−0.0791	0.0004	−0.0426
	(0.835)	(−1.086)	(0.026)	(−1.191)
Boardsize	0.0207**	−0.0531**	0.0102**	−0.0304***
	(2.449)	(−2.442)	(2.213)	(−2.888)
TQ	−0.0026*	0.0009	−0.0011	−0.0007
	(−1.888)	(0.318)	(−1.156)	(−0.554)
_cons	0.0340	0.3412***	0.0490**	0.2090***
	(0.922)	(3.533)	(2.059)	(4.016)
Year	YES	YES	YES	YES
Industry	YES	YES	YES	YES
Province	YES	YES	YES	YES
N	6627	7320	6627	7320
Adjusted R^2	0.0324	0.0642	0.0589	0.0485

5.5.5　超额商誉与股价大幅下跌风险

从前文的分析可知，超额商誉规模越大，会使得当期股价高估程度越高，进而使得控股股东通过股权质押进行外部融资的规模越大。那么控股股东在超额商誉规模较大时质押股权是不是一种高风险行为呢？若未来股价大幅下跌，则前期质押的股权会面临较大的股权质押爆仓风险。超额商誉规模越大，会导致未来商誉减值的规模越大（张萍、周昕雨，2020），而商誉减值的发生会使得未来股价大幅下跌的风险增加（韩宏稳 等，2019）。因此，我们认为，控股股东在超额商誉规模较大时质押股权是高风险行为，因为超额商誉规模越大，会使得股票价格在未来大幅下跌的风险增加。

表 5-12 为对上述假设进行检验的回归结果。表 5-12 的第(1)列是以第 $t+1$ 期的负收益偏态系数(NCSKEW)为被解释变量的回归结果，超额商誉(GW_excess)的回归系数在 10%的水平上显著为正。表 5-12 的第(2)列是以第 $t+1$ 期的收益上下波动比率(DUVOL)为被解释变量的回归结果，超额商誉(GW_excess)的回归系数在 10%的水平上显著为正。第(1)列和第(2)列的回归结果表明，超额商誉规模越大，未来($t+1$ 期)股价大幅下跌的风险越大。该回归结果验证了前文的分析，即超额商誉规模越大，会导致未来股价下跌风险越大。由此可见，控股股东选择在超额商誉规模较大时进行股权质押是一种高风险行为，一旦未来股价大幅下跌成为事实，其质押的股权可能会面临股权质押爆仓风险，并给股价带来进一步下跌的压力。

表 5-12　超额商誉与股价大幅下跌风险

变量	$NCSKEW_{t+1}$	$DUVOL_{t+1}$
	(1)	(2)
GW_excess	0.2127*	0.1475*
	(1.663)	(1.660)
Size	−0.0025	−0.0152***
	(−0.364)	(−3.267)
Age	−0.0046***	−0.0035***
	(−3.243)	(−3.819)
Growth	−0.0027**	−0.0018**
	(−2.342)	(−2.404)

续表

变量	$NCSKEW_{t+1}$	$DUVOL_{t+1}$
	(1)	(2)
Lev	−0.0354	−0.0316
	(−0.859)	(−1.148)
Cash	0.2073***	0.1563***
	(3.638)	(4.045)
Dual	0.0491***	0.0266***
	(3.194)	(2.592)
Indep	−0.0900	−0.0582
	(−0.663)	(−0.653)
Boardsize	−0.0440	−0.0352
	(−1.159)	(−1.396)
TQ	0.0486***	0.0260***
	(6.982)	(5.648)
_cons	−0.0436	0.2856**
	(−0.249)	(2.476)
Year	YES	YES
Industry	YES	YES
Province	YES	YES
N	13947	13947
Adjusted R^2	0.0718	0.0750

5.6　本章小结

本章研究了超额商誉对控股股东股权质押行为的影响。研究表明，当超额商誉规模更大时，控股股东通过股权质押进行外部融资的规模更大。

其产生影响的原因在于超额商誉规模越大,会使得股价高估程度越高,进而使得控股股东股权质押的规模越大。该结果表明超额商誉的支付能为控股股东股权质押创造更为有利的条件,进而使企业愿意在并购交易中支付更高的成本。在进一步的分析中,本章还研究了高额商誉与超额商誉的关系,研究表明,拥有高额商誉资产的企业超额商誉规模越大,拥有高额商誉资产的上市公司股价高估程度越高,进而使得有融资需求的控股股东股权质押的规模越大;基于审计质量的异质性分析发现,超额商誉对于控股股东股权质押行为的影响在低质量审计组中更显著;基于产权性质的异质性分析发现,相较于国有企业,超额商誉对控股股东股权质押行为的影响在民营企业中更显著。同时,本章在进一步的研究中还发现控股股东在超额商誉规模较大时质押股权是高风险行为,因为超额商誉规模越大,会使得股票价格在未来大幅下跌的风险增加。本章的研究为企业、投资者以及监管当局更深刻地理解超额商誉对控股股东股权质押行为的影响提供了经验证据和重要启示。

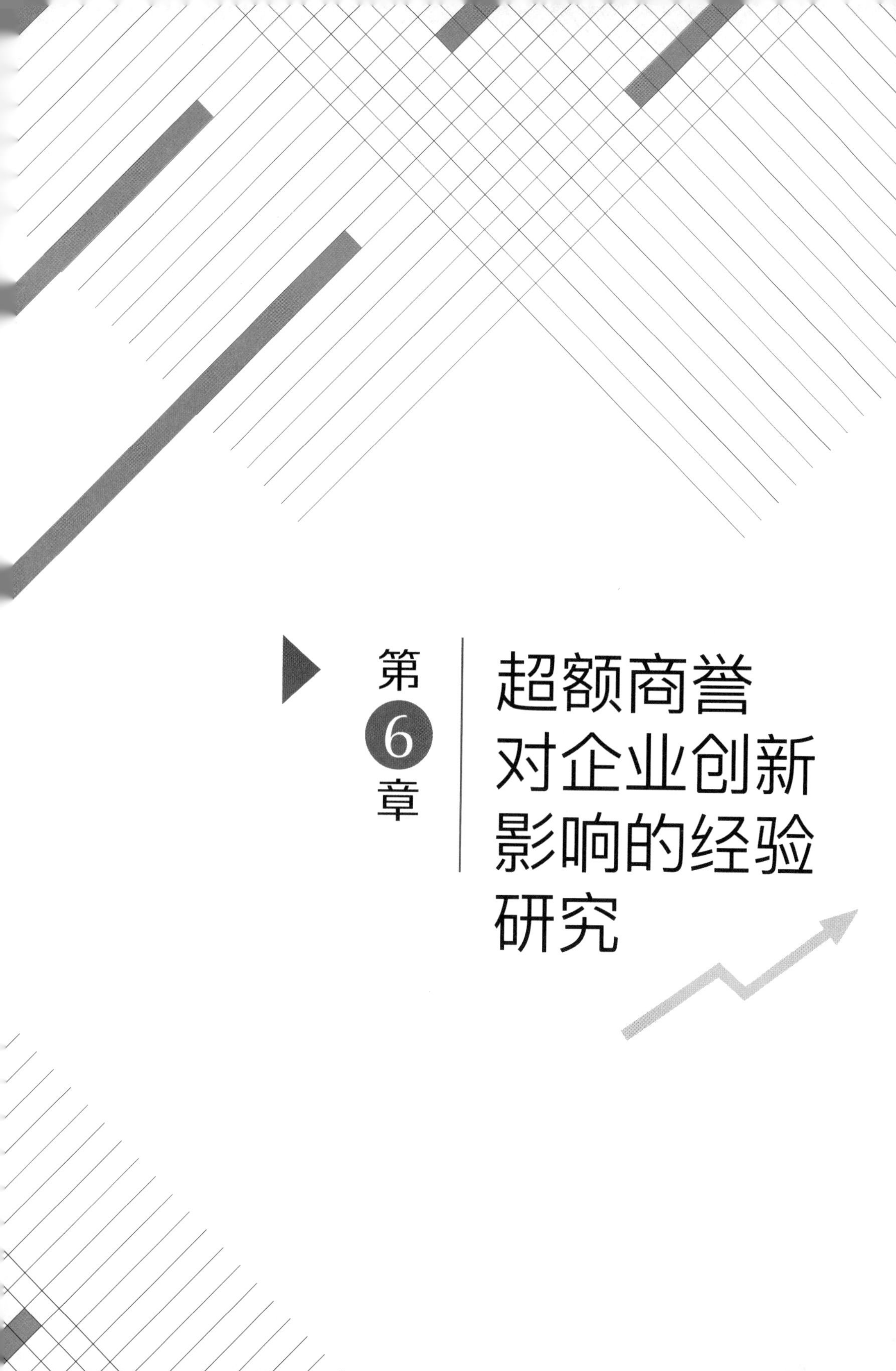

第6章 超额商誉对企业创新影响的经验研究

6.1 引言

企业创新水平的提升是驱动企业高质量发展的重要力量。党的十九大报告明确指出"创新是引领发展的第一动力"。2019年中央经济工作会议也明确指出,着力推动经济高质量发展,要以创新驱动作为其中的一个轮子,加快提升企业的技术创新能力。由此可见,在中国经济从高速增长转向高质量发展这一阶段,提升企业的创新能力成为经济高质量发展的重要驱动力量。企业作为重要的微观经济主体,扮演着创新主力军的角色。现有文献从多个视角研究了企业创新的影响因素,但是鲜有文献从超额商誉的视角出发。

近年来,企业拥有高额商誉资产以及商誉"爆雷"现象引起了监管层的广泛关注。据CSMAR数据库统计,2019年披露商誉净额的沪深A股上市公司高达2098家,其在资产负债表中披露的商誉净额加总约为1257亿元。证监会2016年和2017年连续两年披露的《上市公司年报会计监管报告》统计数据均显示,部分上市公司在非同一控制下的企业合并中确认了大额商誉,其商誉占合并对价的比例高达90%以上。商誉"爆雷"的频繁发生也说明了由并购重组所确认的商誉可能存在虚高。杜兴强等(2011)直接指出,按照我国会计准则确认的商誉成了一个容纳各种原因导致的"计价差额"的"容器",可能存在高估的部分,其中高估的部分不应确认为商誉。据此,将商誉划分为合理商誉和超额商誉,合理商誉能为企业未来带来超额盈利能力,超额商誉是商誉资产被高估的部分(魏志华、朱彩云,2019)。超额商誉的确认,一方面意味着企业在并购重组交易中付出了高昂的代价;另一方面,在商誉资产的后续计量中计提商誉减值的可能性增加,这意味着企业在日后的经营中要为前期确认的超额商誉买单。超额商誉给企业带来一系列负面影响的同时,是否会对企业创新行为产生影响呢?如果会,其产生作用的机理又是什么?本章拟对上述问题进行分析。

本章可能的创新体现在以下两个方面:第一,深入分析了超额商誉对企业创新是否会产生影响以及产生影响的机理,丰富了有关超额商誉的经济后果以及企业创新影响因素的研究文献;第二,不同于以往的文献从并购商誉的视角出发,本研究将并购商誉进行了剖析,研究了超额商誉对企业创新的影响,明确了正是企业在并购重组中的非理性高溢价支付对企业创新产生了负面影响。本章的研究为企业更深刻地理解超额商誉对企业创新的影响提供了经验证据和重要启示。

6.2 理论分析与研究假设

超额商誉是企业在并购重组中支付的高估未来可获得协同效应的部分,这部分高估的未来可获得协同效应的部分不一定能够实现,最终体现为企业的经营业绩没有达到预期的水平(魏志华、朱彩云,2019)。企业创新需要大量资金的支持,那么超额商誉是否会对企业创新水平产生影响呢?如果会,又是如何产生影响的呢?

超额商誉会对企业创新产生影响,其产生影响的原因主要有两点。第一,超额商誉规模越大,使得企业依靠自有资金支持研发创新更加困难,进而对企业创新水平产生负面影响。并购商誉可视为并购方在产权交易中所支付的成本,当并购沦为迎合投资者的工具或者管理层和大股东利益输送的工具时,溢价并购所确认的商誉蕴含较大程度的泡沫,这也意味着超额商誉较大(陈汉文,2018)。管理层过度自信也是导致超额商誉确认的重要因素,管理层过度自信程度越高,新增商誉规模越大,但是在管理层过度自信程度较高的组中新增商誉并未使得未来业绩提升,这意味着管理层过度自信程度较高的组确认的商誉蕴含着较高程度的高估未来可获得的协同效应的部分(李丹蒙 等,2018)。超额商誉规模过大,一方面意味着企业在并购重组交易中支付了过高的成本,挤占了企业可用于研发创新的资金;另一方面,这部分成本无法转化为未来的超额盈利能力,进而导致商誉减值的可能性增加(Li 等,2011;李丹蒙 等,2018),直接拖累企业的经营业绩。魏志华和朱彩云(2019)的研究也表明了超额商誉对企业的经营业绩有持续负面的影响,若企业的超额商誉资产越高,则其对企业经营业绩的持续负向影响越大。而当企业的经营业绩持续走低时,企业无法累计足够资金以及资源来支持高风险的研发创新活动,进而导致企业创新水平下降(叶永卫 等,2018)。第二,超额商誉规模越大,使得企业依靠外部资金支持研发创新更加困难,进而对企业创新水平产生负面影响。超额商誉规模越大,意味着企业在并购重组中支付的高估未来可获得协同效应的部分越大。当这部分高估的未来可获得协同效应无法实现时,意味着企业经营业绩没有达到预期的水平,这往往会使得外部利益相关者对企业的评价较为负面,进而使得企业从外部融资更加困难,面临更高程度的融资约束。企业所面临的融资约束是制约企业创新能力提升的重要因素(Brown 等,2009;张璇 等,2017),因此,当超额商誉规模越大,导致企业面临更高程度的融资约束时,也会对企业创新水平产生负面影响。基于上述分析,本文提出如下假设:

假设 H6-1:超额商誉规模越大,会导致企业的创新水平越低。

6.3 研究设计

6.3.1 样本选取与数据来源

"商誉"这一会计科目在《企业会计准则(2006)》发布后从无形资产中独立出来。本研究选取2007—2019年沪深A股上市公司为初始样本,样本处理过程如下:剔除ST股、* ST股,剔除金融行业样本,剔除关键变量缺失的样本。本研究使用专利来度量企业创新水平,其数据来自CSMAR数据库"上市公司研发创新"子库,商誉数据以及上市公司的其他财务数据主要来自CSMAR数据库。为了减轻极端值对结论的影响,对所有连续型变量在1%和99%的分位数上进行缩尾处理。此外,在所有的回归中,对标准误进行公司层面的聚类处理。

6.3.2 关键变量的定义

(1)超额商誉

参考魏志华和朱彩云(2019)的研究,运用商誉期望模型的回归残差来度量超额商誉(GW_excess)。在后文的稳健性检验中,借鉴Ramanna(2008)以及魏志华和朱彩云(2019)对超额商誉的定义,用企业经总资产标准化后的商誉减去当年行业内所有企业经总资产标准化后的商誉的中位数来表示。具体的计算方法与4.3.2节一致。

(2)企业创新水平

企业创新水平的度量借鉴Hall和Harhoff(2012)以及杨道广等(2017)

的方法，分别用年度专利申请总量、发明专利申请总量加 1 取对数来度量，并分别记为 Patent、Invent，表达式如下：Patent＝ln(1＋年度专利申请总数)，Invent＝ln(1＋年度发明专利申请总数)。

在稳健性检验中，创新水平的度量指标基于企业当年申请且在样本期内已得到授权的专利总数以及发明专利总数构建，记为 Patent1 以及 Invent1，表达式如下：Patent1＝ln(企业当年申请并在样本期内已得到授权的专利总数＋1)，Invent1＝ln(企业当年申请并在样本期内已得到授权的发明专利总数＋1)。

6.3.3　模型设定

设定了如下回归模型来检验假设 H6-1：

$$\text{Patent}_{i,t+1}(\text{Invent}_{i,t+1}) = \alpha_0 + \alpha_1 \text{GW\_excess}_{i,t} + \alpha_2 \text{Controls}_{i,t} + \sum \text{Year}_t + \sum \text{Industry}_j + \sum \text{Province}_k + \varepsilon_{i,t} \quad (6.1)$$

其中，Patent 或者 Invent 为被解释变量，表示企业的创新水平，其定义如 6.3.2 节所示。GW_excess 为解释变量，用来度量上市公司超额商誉规模的大小，通过估算商誉期望模型的回归残差来度量。借鉴朱冰等(2018)以及何瑛等(2019)的研究，拟进行控制的控制变量(Controls)主要包括企业年龄(Age)、企业规模(Size)、净利润增长率(Growth)、杠杆率(Lev)、现金资产比率(Cash)、董事长和总经理是否两职合一(Dual)、前三大股东持股比例(Top3)、董事会规模(Boardsize)。此外，还控制了年度(Year)、行业(Industry)固定效应和企业所在省份(Province)固定效应。若模型(6.1)中回归系数α_1显著为正，则意味着企业的商誉资产越高，企业的创新水平越低，即假设 H6-1 得到支持。主要解释变量、被解释变量、控制变量的定义见表 6-1。

表 6-1　变量定义

变量符号	变量名称	变量定义
GW_excess	超额商誉	商誉期望模型的回归残差
GW_excess1	超额商誉	经总资产标准化后的商誉减去行业内企业标准化商誉的中位数
Patent	专利申请量	年度专利申请总数加 1 取对数
Invent	发明专利申请量	年度发明专利申请总数加 1 取对数
Size	企业规模	期末总资产取对数
Age	企业年龄	企业上市年数
Growth	净利润增长率	(期末净利润－期初净利润)/期初净利润
Lev	杠杆率	期末总负债/期末总资产
Cash	现金资产比率	期末现金及现金等价物余额/期末总资产
Dual	是否两职合一	若董事长和总经理两职合一，则取值为 1，否则为 0
Top3	前三大股东持股比例	前三大股东持股比例
Boardsize	董事会规模	董事总人数取对数

6.4　实证结果分析

6.4.1　描述性统计

表 6-2 展示了关键变量的描述性统计结果。用商誉期望模型的回归残差来度量的超额商誉(GW_excess)的均值为－0.0005，中位数为－0.0086，最大值为 0.4465；经总资产标准化后的商誉减去行业内企业标准化商誉的中位数度量的超额商誉(GW_excess1)的均值为 0.0245，中位数为 0，最大值

为 0.5170。两个超额商誉度量指标均值均大于中位数，说明超额商誉数据呈右偏分布，部分企业的超额商誉规模较大。专利申请量（Patent）均值为 3.7944，换算成专利数为 43.4516，即年度专利申请总量均值为 43.4516；发明专利申请量（Invent）均值为 2.4665，换算成发明专利数为 10.7811，即年度发明专利申请总量均值为 10.7811。

表 6-2　变量描述性统计结果

变量	观测值	均值	方差	最小值	中位数	最大值
GW_excess	7419	−0.0005	0.0678	−0.1884	−0.0086	0.4465
GW_excess1	7419	0.0245	0.0717	−0.2039	0.0000	0.5170
Patent	7419	3.7944	2.2473	0.0000	4.1589	11.2118
Invent	7419	2.4665	1.8470	0.0000	2.4849	10.0018
Size	7419	21.9685	1.2083	20.0079	21.7763	26.0909
Age	7419	15.4510	5.2931	4.0000	15.0000	29.0000
Growth	7419	0.2827	4.2643	−21.9761	0.0035	22.0417
Lev	7419	0.3891	0.1955	0.0441	0.3801	0.8309
Cash	7419	0.1789	0.1359	0.0170	0.1390	0.6592
Dual	7419	0.2920	0.4547	0.0000	0.0000	1.0000
Top3	7419	48.7526	14.5846	17.1635	48.4261	85.3545
Boardsize	7419	2.1402	0.1866	1.6094	2.1972	2.6391

6.4.2　超额商誉与企业创新

超额商誉是否会对企业的创新行为产生影响呢？表 6-3 汇报了假设 H6-1 的检验结果。第（1）、（2）列是以专利申请量（Patent）为被解释变量的回归结果，超额商誉（GW_excess）的回归系数均在 1%的水平上显著为负。第（3）、（4）列是以发明专利申请量（Invent）为被解释变量的回归结果，超额商誉(GW_excess)的回归系数均在5%的水平上显著为负。该回归结果表明，超额商誉规模越大，则企业的专利申请量(Patent)、发明专利申请量(Invent)越少，即企业的创新水平越低，假设H6-1得到了实证支持。

表6-3 超额商誉与企业创新

变量	Patent		Invent	
	(1)	(2)	(3)	(4)
GW_excess	−1.2924***	−1.2847***	−0.9171**	−1.0315**
	(−2.590)	(−2.581)	(−2.203)	(−2.350)
Size		0.7095***		0.3200***
		(14.256)		(6.223)
Age		−0.0216**		−0.0310***
		(−2.366)		(−3.825)
Growth		−0.0046		0.0038
		(−0.874)		(0.778)
Lev		−0.4638*		−0.3979*
		(−1.764)		(−1.652)
Cash		0.3825		0.1871
		(1.260)		(0.695)
Dual		0.0621		0.0033
		(0.769)		(0.047)
Top3		0.0006		−0.0022
		(0.202)		(−0.796)
Boardsize		0.2090		0.1124
		(0.939)		(0.589)
_cons	1.5367***	−13.8381***	0.6664	−5.8371***
	(2.753)	(−11.661)	(1.574)	(−5.035)
Year	YES	YES	YES	YES

续表

变量	Patent		Invent	
	(1)	(2)	(3)	(4)
Industry	YES	YES	YES	YES
Province	YES	YES	YES	YES
N	7419	7419	7419	7419
Adjusted R^2	0.1864	0.2769	0.1248	0.1527

6.4.3　稳健性检验

6.4.3.1　替换关键变量的度量指标

(1)替换超额商誉的度量指标。为了避免超额商誉度量指标不同所导致的估计结果不稳健,在此替换超额商誉的度量指标进行稳健性检验。在前文的分析中,超额商誉是通过计算商誉期望模型的回归残差来度量的。在稳健性检验中借鉴 Ramanna(2008)以及郭照蕊和黄俊(2020)对超额商誉的定义,用企业经总资产标准化后的商誉减去行业内企业标准化商誉的中位数来表示,记为 GW_excess1。替换超额商誉度量指标后,重新对假设 H6-1 进行检验,回归结果如表 6-4 所示。表 6-4 的第(1)、(2)列是以专利申请量(Patent)为被解释变量的回归结果,超额商誉(GW_excess1)的回归系数分别在 1%以及 5%的水平上显著为负。表 6-4 的第(3)、(4)列是以发明专利申请量(Invent)为被解释变量的回归结果,超额商誉(GW_excess1)的回归系数均在 5%的水平上显著为负。该回归结果表明,更换超额商誉的度量指标后,假设 H6-1 依然得到实证支持。

表 6-4 替换超额商誉度量指标的稳健性检验

变量	Patent		Invent	
	(1)	(2)	(3)	(4)
GW_excess1	−1.4132***	−0.9846**	−0.9257**	−0.9021**
	(−2.864)	(−2.019)	(−2.231)	(−2.102)
Size		0.7054***		0.3169***
		(14.205)		(6.195)
Age		−0.0219**		−0.0313***
		(−2.395)		(−3.861)
Growth		−0.0046		0.0039
		(−0.872)		(0.793)
Lev		−0.4383*		−0.3851
		(−1.671)		(−1.602)
Cash		0.4147		0.2025
		(1.370)		(0.754)
Dual		0.0684		0.0090
		(0.845)		(0.128)
Top3		0.0007		−0.0021
		(0.249)		(−0.774)
Boardsize		0.2091		0.1114
		(0.939)		(0.583)
_cons	1.5334***	−13.7771***	0.6637	−5.7814***
	(2.746)	(−11.613)	(1.568)	(−5.006)
Year	YES	YES	YES	YES
Industry	YES	YES	YES	YES
Province	YES	YES	YES	YES
N	7419	7419	7419	7419
Adjusted R^2	0.1868	0.2763	0.1249	0.1525

(2)替换企业创新水平的度量指标。为了避免由于企业创新水平度量指标不同所导致的估计结果不稳健,在此替换创新水平的度量指标进行稳健性检验。在前文的分析中,企业创新水平度量指标的构建基于当年申请的专利总数以及当年申请的发明专利总数,在此更换企业创新水平的度量指标。具体地,在稳健性检验中,创新水平的度量指标基于企业当年申请且在样本期内已得到授权的专利总数以及发明专利总数构建,记为 Patent1 以及 Invent1,表达式如下:Patent1＝ln(企业当年申请且在样本期内已得到授权的专利总数＋1),Invent1＝ln(企业当年申请且在样本期内已得到授权的发明专利总数＋1)。更换创新水平的度量指标后的回归结果如表 6-5 所示。表 6-5 的第(1)、(2)列是采用当年申请且在样本期内已得到授权的专利数(Patent1)为被解释变量的回归结果,超额商誉(GW_excess)的回归系数均在 1％的水平上显著为负;表 6-5 的第(3)、(4)列是采用当年申请且在样本期内已得到授权的发明专利数(Invent1)为被解释变量的回归结果,超额商誉(GW_excess)的回归系数分别在 5％和 10％的水平上显著为负。表 6-5 的回归结果表明,企业拥有的超额商誉资产越高,会导致企业的创新水平越低,即替换企业创新水平的度量指标后,假设 H6-1 依然得到实证支持。

表 6-5　替换创新水平变量度量指标的稳健性检验

变量	Patent 1		Invent 1	
	(1)	(2)	(3)	(4)
GW_excess	−1.0548***	−1.1208***	−0.5296**	−0.4987*
	(−3.064)	(−3.228)	(−2.029)	(−1.834)
Size		0.4266***		0.2293***
		(9.543)		(7.730)
Age		−0.0020		−0.0050
		(−0.288)		(−1.168)

续表

变量	Patent 1		Invent 1	
	(1)	(2)	(3)	(4)
Growth		−0.0004		0.0002
		(−0.088)		(0.069)
Lev		−0.3848*		−0.1225
		(−1.857)		(−0.887)
Cash		−0.3641		0.0024
		(−1.544)		(0.015)
Dual		−0.0960		−0.0958***
		(−1.622)		(−2.589)
Top3		0.0032		0.0028*
		(1.328)		(1.914)
Boardsize		0.1984		0.1019
		(1.127)		(0.920)
_cons	0.1987	−9.3099***	−0.0251	−5.1847***
	(0.786)	(−9.301)	(−0.176)	(−7.994)
Year	YES	YES	YES	YES
Industry	YES	YES	YES	YES
Province	YES	YES	YES	YES
N	7419	7419	7419	7419
Adjusted R^2	0.0448	0.1071	0.0350	0.0817

6.4.3.2 替换创新水平的度量时点

企业的创新活动从最初投入到最后产出需要较长的时间。为了避免本研究的结论因创新水平度量时点选择的不同而不稳健，在此将创新水平的度量时点设定为 $t+2$ 年。更换创新水平度量时点的稳健性检验结果如表 6-6 所示。表 6-6 的第(1)、(2)列是以 $t+2$ 期的专利申请量(Patent)为被解释变量的回归结果，超额商誉(GW_excess)的回归系数均在 5%的水平上显著为负。表 6-6 的第(3)、(4)列是以 $t+2$ 期的发明专利申请量(Invent)为被解释变量的回归结果，超额商誉(GW_excess)的回归系数分别在 5%和 1%的水平上显著为负。表 6-6 的回归结果表明，当以 $t+2$ 期的专利申请量(Patent)以及发明专利申请量(Invent)来度量企业创新水平时，企业拥有的超额商誉资产越高，则会导致企业的创新水平越低，即更换创新水平的度量时点后，研究结论依然成立。

表 6-6　更换创新水平度量时点的稳健性检验

变量	Patent		Invent	
	(1)	(2)	(3)	(4)
GW_excess	−1.1564**	−1.3171**	−1.2099**	−1.3793***
	(−2.002)	(−2.296)	(−2.522)	(−2.765)
Size		0.7020***		0.3311***
		(13.498)		(6.098)
Age		−0.0206**		−0.0359***
		(−2.131)		(−4.129)
Growth		0.0003		0.0001
		(0.049)		(0.017)
Lev		−0.5891**		−0.4083
		(−2.160)		(−1.612)
Cash		0.2505		0.3227
		(0.792)		(1.125)
Dual		0.0885		0.0616
		(1.038)		(0.819)
Top3		0.0009		−0.0031
		(0.309)		(−1.095)

续表

变量	Patent		Invent	
	(1)	(2)	(3)	(4)
Boardsize		0.0916		0.1066
		(0.395)		(0.530)
_cons	1.5216***	−13.3664***	0.9925**	−5.6427***
	(2.580)	(−10.920)	(2.305)	(−4.705)
Year	YES	YES	YES	YES
Industry	YES	YES	YES	YES
Province	YES	YES	YES	YES
N	6694	6694	6694	6694
Adjusted R^2	0.1838	0.2668	0.1090	0.1385

6.4.3.3 控制公司层面固定效应

为了避免本研究发现的超额商誉对企业创新的影响是随公司个体变动但不随时间变动的遗漏变量所导致的，在稳健性检验中进一步控制公司层面固定效应。回归结果如表6-7所示，Firm表示公司层面固定效应。表6-7的第(1)、(2)列是分别以专利申请量(Patent)以及发明专利申请量(Invent)为被解释变量的回归结果，超额商誉(GW_excess)的回归系数分别在10%以及5%的水平上显著为负。该回归结果表明控制公司层面的固定效应后，回归结果依然稳健。

表6-7 控制公司层面固定效应的稳健性检验

变量	Patent	Invent
	(1)	(2)
GW_excess	−0.8281*	−0.8261**
	(−1.771)	(−2.071)

续表

变量	Patent	Invent
	(1)	(2)
Size	0.4991***	0.2407***
	(6.272)	(2.969)
Age	−0.1737**	−0.0255
	(−2.046)	(−0.192)
Growth	−0.0052	−0.0008
	(−1.279)	(−0.206)
Lev	−0.1154	−0.4822*
	(−0.377)	(−1.948)
Cash	0.4449*	−0.1625
	(1.664)	(−0.688)
Dual	−0.0169	−0.0277
	(−0.216)	(−0.357)
Top3	−0.0040	0.0022
	(−0.894)	(0.547)
Boardsize	0.3989*	0.1524
	(1.693)	(0.741)
_cons	−7.1253***	−3.8865*
	(−3.881)	(−1.892)
Year	YES	YES
Firm	YES	YES
N	7419	7419
Adjusted R^2	0.1361	0.1233

6.4.3.4　内生性问题的处理

超额商誉指标的计算是基于商誉数据进行的，但是并非所有的公司都发生过并购并形成商誉，因此，本研究可能存在样本自选择偏误。本研究拟采用赫克曼两步法缓解潜在的样本自选择问题。第一步采用 Probit 模型来估计企业是否有账面商誉。选择模型中的排除约束性变量是同一年同行业中其他企业是否披露商誉金额的均值（MGW_Dum）。此外，选择模型中还包括如下控制变量：企业规模（Size）、企业年龄（Age）、净利润增长率（Growth）、杠杆率（Lev）、现金资产比率（Cash）、是否两职合一（Dual）、第一大股东持股比例（Top3）、董事会规模（Boardsize）。第二步则是将第一阶段回归得到的逆米尔斯比率（Mills）代入主回归方程，以减少潜在的样本自选择问题。回归结果如表 6-8 所示。表 6-8 的第（1）、（2）列是分别以专利申请量（Patent）以及发明专利申请量（Invent）为被解释变量的回归结果，超额商誉（GW_excess）的回归系数均在 1%的水平上显著为负。该回归结果表明控制样本自选择偏误后，回归结果依然稳健。

表 6-8　基于赫克曼两步法的稳健性检验

变量	Patent	Invent
	(1)	(2)
GW_excess	−1.2250***	−1.0482***
	(−3.653)	(−3.501)
Size	0.7400***	0.3097***
	(25.601)	(12.059)
Age	−0.0229***	−0.0299***
	(−4.586)	(−6.727)
Growth	−0.0064	0.0038
	(−1.206)	(0.796)
Lev	−0.4614***	−0.4030***
	(−2.719)	(−2.671)

续表

变量	Patent	Invent
	(1)	(2)
Cash	0.4050*	0.1708
	(1.946)	(0.923)
Dual	0.0596	0.0029
	(1.156)	(0.063)
Top3	−0.0006	−0.0016
	(−0.319)	(−1.041)
Boardsize	0.2004	0.1163
	(1.563)	(1.020)
_cons	−14.4671***	−5.6385***
	(−21.325)	(−9.355)
Year	YES	YES
Industry	YES	YES
Province	YES	YES
Mills	0.4269***	−0.1518
	(2.660)	(−1.061)
N	9058	9058

6.5　进一步分析

在前文的研究中分析了超额商誉对企业创新水平的影响，并且发现超额商誉规模越大，则企业创新水平越低。与此同时，前文的理论分析指出，超额商誉会拖累企业的经营业绩，进而对企业创新产生负面影响；超额商誉还会加剧企业面临的融资约束，进而对企业创新产生负面影响。因此，在进一步的分析中拟考察超额商誉对企业创新产生影响的机理是否成立。同时,还将进一步考察超额商誉对企业创新的影响是否因企业截面特征的不同而存在差异,并分别从商誉规模、基金持股水平、产权性质三个视角来进行异质性分析。

6.5.1 超额商誉对企业创新产生影响的机理

6.5.1.1 超额商誉与企业经营业绩

超额商誉是企业在并购重组中所支付的超过并购可获得的协同效应的部分,超额商誉的产生既可能是管理层为了迎合投资者而盲目进行的高溢价并购或者利用高溢价并购进行利益输送导致的(陈汉文,2018),也有可能是管理层过度自信等非理性因素导致的(李丹蒙 等,2018)。超额商誉所代表的高估的可获得的协同效应往往很难实现(魏志华、朱彩云,2019),无法实现的协同效应部分会导致商誉减值(Li 等,2011;李丹蒙 等,2018),进而直接拖累企业的经营业绩。但企业创新的各个环节都需要大量资金的支持,企业的自有资金是支持企业创新活动的重要来源之一。而当企业的经营业绩持续走低时,企业无法累计足够资金以及资源来支持高风险的研发创新活动,进而导致企业创新水平下降(叶永卫 等,2018)。因此,本研究认为:超额商誉对企业创新产生影响的机理在于超额商誉拖累了企业的经营业绩,进而对企业创新产生了负面影响。

表 6-9 为对上述机制分析进行检验的回归结果。解释变量为超额商誉(GW_excess);被解释变量为企业经营业绩,分别用总资产收益率(ROA)以及净资产收益率(ROE)来衡量。表 6-9 的第(1)、(2)列是以总资产收益率(ROA)为被解释变量的回归结果,超额商誉(GW_excess)的回归系数均在1%的水平上显著为负。表 6-9 的第(3)、(4)列是以净资产收益率(ROE)为

被解释变量的回归结果，超额商誉(GW_excess)的回归系数均在 1%的水平上显著为负。该回归结果表明，超额商誉规模越大，会导致企业经营业绩越差，进而对企业创新水平产生负面影响，即上述机制分析得到了实证支持。

表 6-9　超额商誉与企业经营业绩

变量	ROA		ROE	
	(1)	(2)	(3)	(4)
GW_excess	−0.0211***	−0.0261***	−0.0515***	−0.0383***
	(−2.639)	(−3.244)	(−4.337)	(−3.182)
Size		0.0060***		0.0116***
		(7.153)		(7.695)
Age		−0.0001		−0.0001
		(−0.667)		(−0.341)
Growth		0.0016***		0.0034***
		(11.379)		(12.830)
Lev		−0.0777***		0.0024
		(−14.576)		(0.277)
Cash		0.0360***		0.0562***
		(5.001)		(5.235)
Dual		0.0011		0.0025
		(0.690)		(1.024)
Top3		0.0002***		0.0003***
		(3.290)		(3.782)
Boardsize		0.0038		0.0017
		(1.001)		(0.261)
_cons	0.0579***	−0.0562***	0.1121***	−0.1712***
	(6.580)	(−2.856)	(8.150)	(−4.981)
Year	YES	YES	YES	YES
Industry	YES	YES	YES	YES

续表

变量	ROA		ROE	
	(1)	(2)	(3)	(4)
Province	YES	YES	YES	YES
N	7193	7193	7192	7192
Adjusted R^2	0.1041	0.2654	0.0711	0.1627

6.5.1.2 超额商誉与融资约束

如前述分析所指出的，超额商誉来自企业在并购重组中所支付的高估未来可获得协同效应的部分。当这部分高估的未来可获得的协同效应无法实现时，意味着企业经营业绩没有达到预期的水平，这往往会使得外部利益相关者对企业的评价较为负面，进而使得企业从外部融资更加困难，面临更高程度的融资约束。此外，超额商誉的形成可能是管理层为了迎合投资者进行高溢价并购所导致的，甚至可能是管理层或者大股东为了进行利益输送进而实施高溢价并购所导致的，而这一系列行为背后的直接原因可能是企业内部控制存在缺陷(陈汉文，2018)。内部控制缺陷可能使企业面临更高程度的融资约束(Ashbaugh-Skaife 等，2009；林钟高、丁茂桓，2017)。融资约束是抑制企业创新水平提升的重要原因之一(Brown 等，2009；张璇 等，2017)，因此，超额商誉规模越大，会使得企业面临越高程度的融资约束，进而对企业创新水平产生负面影响。

表 6-10 为对上述机制分析进行检验的回归结果。解释变量为超额商誉(GW_excess)，被解释变量为融资约束指标。融资约束用 KZ 指数来度量，具体指标的构建借鉴魏志华等(2014)的研究。融资约束越严重，则计算出来的 KZ 指数越大。从表 6-10 的回归结果来看，超额商誉(GW_excess)的回归系数均在 1%的水平上显著为正。该回归结果表明，超额商誉规模越大，会使得企业面临更高程度的融资约束，进而对企业创新水平产生负面影响，即上述机制分析得到了实证支持。

表 6-10　超额商誉与融资约束

变量	KZ	
	(1)	(2)
GW_excess	1.4691***	1.2584***
	(3.968)	(4.536)
Size		−0.2464***
		(−8.800)
Age		−0.0037
		(−0.756)
Growth		−0.0071
		(−1.402)
Lev		5.0960***
		(28.642)
Cash		−4.5449***
		(−19.605)
Dual		−0.0403
		(−0.784)
Top3		−0.0094***
		(−5.125)
Boardsize		−0.2487**
		(−2.193)
_cons	1.0870***	5.4594***
	(2.902)	(8.397)
Year	YES	YES
Industry	YES	YES
Province	YES	YES
N	7193	7193
Adjusted R^2	0.1261	0.4786

6.5.2 基于商誉规模的异质性分析

商誉直接来源于企业在并购重组中所支付的溢价，企业在并购重组中的高溢价支付会导致高额商誉的确认。而高溢价通常与管理层过度自信（Malmendier and Tate，2008）、锚定效应（陈仕华、李维安，2016）等非理性因素正相关，这意味着高额商誉的确认也可能与管理层过度自信、锚定效应等非理性因素相关，即高额商誉中可能包含更高程度的上述非理性因素。近年来，市场对于高额商誉问题的关注度持续提升，监管机构对于高额商誉问题的监管也日趋严格（孙瑞泽，2020），拥有高额商誉的企业更容易引发外部利益相关者的负面评价，从而加剧企业面临的融资约束（黄蔚和汤湘希，2018），进而对企业创新产生负面影响。因此，我们预期：对于商誉规模不同的企业，超额商誉对企业创新的影响存在异质性，即超额商誉对企业创新的影响在拥有高额商誉资产的企业中更显著。

为了检验上述假设，根据企业商誉规模的大小，将样本分为两组，即高额商誉组和非高额商誉组。生成变量 HGW 用来表示企业是否拥有高额商誉资产。若企业商誉规模高于行业年度中位数，则企业属于高额商誉组，HGW 取值为 1；若企业商誉规模小于等于行业年度中位数，则企业属于非高额商誉组，HGW 取值为 0。表 6-11 为基于商誉规模的异质性分析回归结果。Patent 对应的两列是以专利申请量（Patent）为被解释变量的回归结果，Invent 对应的两列是以发明专利申请量（Invent）为被解释变量的回归结果。以专利申请量（Patent）为被解释变量时，当企业属于高额商誉组（HGW＝1）时，超额商誉（GW_excess）的回归系数在 1％的水平上显著为负；而当企业属于非高额商誉组（HGW＝0）时，超额商誉（GW_excess）的回归系数不显著。以发明专利申请量（Invent）为被解释变量时，当企业属于高额商誉组

(HGW＝1)时，超额商誉(GW_excess)的回归系数在 5%的水平上显著为负；而当企业属于非高额商誉组(HGW＝0)时，超额商誉(GW_excess)的回归系数不显著。该回归结果符合我们的预期，即商誉规模不同的企业，超额商誉对企业创新的影响存在异质性，超额商誉对企业创新的影响在拥有高额商誉资产的企业中更显著。

表 6-11　基于商誉规模的异质性分析

变量	Patent		Invent	
	HGW＝1	HGW＝0	HGW＝1	HGW＝0
GW_excess	−1.9720***	−2.5199	−1.1352**	−0.8506
	(−3.173)	(−0.968)	(−2.061)	(−0.441)
Size	0.7855***	0.6412***	0.3396***	0.3055***
	(11.089)	(11.842)	(4.593)	(5.443)
Age	−0.0208*	−0.0174	−0.0331***	−0.0261***
	(−1.768)	(−1.587)	(−3.118)	(−2.757)
Growth	−0.0158**	0.0023	0.0024	0.0050
	(−2.099)	(0.343)	(0.305)	(0.833)
Lev	−0.8970**	−0.2053	−0.5234	−0.3681
	(−2.245)	(−0.665)	(−1.446)	(−1.349)
Cash	−0.3316	0.6877**	0.0032	0.1578
	(−0.682)	(2.043)	(0.007)	(0.534)
Dual	0.0670	0.0635	0.0019	0.0015
	(0.594)	(0.633)	(0.019)	(0.017)
Top3	−0.0012	0.0034	−0.0067	0.0012
	(−0.278)	(1.024)	(−1.636)	(0.407)
Boardsize	0.1312	0.2393	−0.1058	0.1862
	(0.420)	(0.929)	(−0.379)	(0.812)

续表

变量	Patent		Invent	
	HGW=1	HGW=0	HGW=1	HGW=0
_cons	−15.6359***	−12.2056***	−5.9115***	−5.4263***
	(−9.784)	(−9.389)	(−3.671)	(−4.258)
Year	YES	YES	YES	YES
Industry	YES	YES	YES	YES
Province	YES	YES	YES	YES
N	3231	4188	3231	4188
Adjusted R^2	0.2829	0.2786	0.1433	0.1660

6.5.3 基于基金持股的异质性分析

从前文的分析可知，超额商誉规模越大，会导致企业的创新水平越低。那么超额商誉对企业创新的影响是否因基金持股比例不同而存在差异呢？证券投资基金需要定期披露基金业绩，且基金公司、基金经理以及基金经理所管理的基金都面临着排名的压力。证券投资基金的上述特征使得其更加注重短期业绩（温军、冯根福，2012）。当超额商誉资产规模较高时，计提商誉减值的可能性以及规模更大（Li 等，2011；李丹蒙 等，2018）。当商誉减值发生时，不仅会直接拖累企业的经营业绩，而且也会对股票价格带来负面冲击（Li 等，2011；Jarva，2014）。因此，超额商誉规模越大，股票价格下行的压力越大，进而导致基金在业绩压力下抛售该上市公司股票的可能性越大，而基金抛售上市公司股票会进一步加剧股票价格下行的压力。而股价下行的压力增大，会增加企业面临的融资约束，进而对企业创新活动产生负面影响（江轩宇 等，2020）。因此，我们预期：对于基金持股规模不同的企业，超额商誉对企业创新的影响存在异质性，即超额商誉对企业创新的影响在基金持股规模较高的企业中更显著。

为了验证上述假设，根据基金持股比例大小的行业年度中位数将样本分为两组，一组基金持股比例较高，另外一组基金持股比例较低。具体地，生成变量 HFund，以基金持股比例的行业年份中位数为界限，若上市公司基金持股比例高于该值，则 HFund 取值为 1，上市公司属于高基金持股比例组；若上市公司基金持股比例小于等于该值，则 HFund 取值为 0，上市公司属于低基金持股比例组。具体回归结果如表 6-12 所示，patent 对应的两列是以专利申请量（Patent）为被解释变量的回归结果，Invent 对应的两列是以发明专利申请量（Invent）为被解释变量的回归结果。以专利申请量（Patent）为被解释变量时，当上市公司属于高基金持股比例组（HFund＝1）时，超额商誉（GW_excess）的回归系数在 5％的水平上显著为负；而当上市公司属于低基金持股比例组（HFund＝0）时，超额商誉（GW_excess）的回归系数仅在 10％的水平上显著为负。以发明专利申请量（Invent）为被解释变量时，当上市公司属于高基金持股比例组（HFund＝1）时，超额商誉（GW_excess）的回归系数在 5％的水平上显著为负；而当上市公司属于低基金持股比例组（HFund＝0）时，超额商誉（GW_excess）的回归系数不显著。该回归结果符合我们的预期，即对于基金持股规模不同的企业，超额商誉对企业创新的影响存在异质性，超额商誉对企业创新的影响在基金持股规模较大的企业中更显著。

表 6-12　基于基金持股规模的异质性分析

变量	Patent		Invent	
	HFund＝1	HFund＝0	HFund＝1	HFund＝0
GW_excess	－1.3705**	－1.2353*	－1.3711**	－0.8611
	(－2.201)	(－1.947)	(－2.354)	(－1.623)
Size	0.6284***	0.6819***	0.2763***	0.3103***
	(9.968)	(10.930)	(4.171)	(4.935)

续表

变量	Patent		Invent	
	HFund=1	HFund=0	HFund=1	HFund=0
Age	−0.0134	−0.0210*	−0.0354***	−0.0238**
	(−1.151)	(−1.935)	(−3.409)	(−2.448)
Growth	−0.0117	−0.0049	0.0017	0.0021
	(−1.267)	(−0.799)	(0.180)	(0.391)
Lev	−0.2914	−0.4122	−0.3715	−0.2820
	(−0.817)	(−1.306)	(−1.105)	(−1.010)
Cash	0.0834	0.3665	−0.1901	0.4774
	(0.203)	(0.960)	(−0.512)	(1.488)
Dual	0.0743	0.0221	−0.0534	0.0500
	(0.734)	(0.216)	(−0.547)	(0.631)
Top3	−0.0044	0.0061*	−0.0048	0.0025
	(−1.155)	(1.721)	(−1.243)	(0.854)
Boardsize	0.3246	0.0333	0.3301	−0.1561
	(1.176)	(0.123)	(1.213)	(−0.707)
_cons	−12.1034***	−12.9398***	−4.7916***	−5.5766***
	(−7.764)	(−9.210)	(−3.146)	(−4.125)
Year	YES	YES	YES	YES
Industry	YES	YES	YES	YES
Province	YES	YES	YES	YES
N	3673	3694	3673	3694
Adjusted R^2	0.2807	0.2684	0.1478	0.1609

6.5.4 基于产权性质的异质性分析

超额商誉对于国有企业与民营企业创新水平的影响是否有区别？国有企业与民营企业面临的融资约束不一致，相较于国有企业，民营企业面临更高程度的融资约束。民营企业面临的更高程度的融资约束不仅体现在债务融资成本更高上（李广子、刘力，2009），而且体现在更难获得银行信贷的支持上（魏志华 等，2014），而企业所面临的融资约束是制约企业创新活动的重要因素（Brown 等，2009；张璇 等，2017），民营企业面临的更高程度的融资约束使得超额商誉对企业创新的影响可能更大。因此，我们预期：超额商誉对企业创新的影响因企业产权性质的不同而存在差异，即超额商誉对企业创新的影响在民营企业中更显著。

根据产权性质（SOE）的差异将企业分为国有企业（SOE＝1）和民营企业（SOE＝0），回归结果如表 6-13 所示。Patent 对应的两列是以专利申请量（Patent）为被解释变量的回归结果，Invent 对应的两列是以发明专利申请量（Invent）为被解释变量的回归结果。以专利申请量（Patent）为被解释变量时，当上市公司的产权性质为国有企业（SOE＝1）时，超额商誉（GW_excess）的回归系数不显著；而当上市公司的产权性质为民营企业（SOE＝0）时，超额商誉（GW_excess）的回归系数在 5％的水平上显著为负。以发明专利申请量（Invent）为被解释变量时，当上市公司的产权性质为国有企业（SOE＝1）时，超额商誉（GW_excess）的回归系数不显著；而当上市公司的产权性质为民营企业（SOE＝0）时，超额商誉（GW_excess）的回归系数在 5％的水平上显著为负。该回归结果符合我们的预期，即超额商誉对企业创新的影响因企业产权性质的不同而存在差异，超额商誉对企业创新的影响在民营企业中更显著。

表 6-13 基于产权性质的异质性分析

变量	Patent		Invent	
	SOE=1	SOE=0	SOE=1	SOE=0
GW_excess	−2.2187	−1.2493**	−2.3303	−1.1206**
	(−1.119)	(−2.380)	(−1.179)	(−2.422)
Size	0.7186***	0.7282***	0.3180***	0.3115***
	(10.047)	(10.761)	(3.854)	(4.748)
Age	−0.0367*	−0.0094	−0.0694***	−0.0155*
	(−1.877)	(−0.923)	(−3.514)	(−1.868)
Growth	0.0017	−0.0071	0.0019	0.0043
	(0.185)	(−1.078)	(0.205)	(0.726)
Lev	−0.3388	−0.4303	−0.2021	−0.3805
	(−0.790)	(−1.304)	(−0.459)	(−1.414)
Cash	1.1827*	0.2977	0.5795	0.0124
	(1.718)	(0.901)	(0.900)	(0.042)
Dual	−0.3442*	0.1259	0.1046	−0.0098
	(−1.676)	(1.424)	(0.616)	(−0.129)
Top3	−0.0024	0.0029	0.0020	−0.0030
	(−0.419)	(0.864)	(0.316)	(−1.043)
Boardsize	0.0221	0.4388*	−0.2709	0.3635*
	(0.056)	(1.653)	(−0.704)	(1.732)
_cons	−15.0202***	−14.4671***	−5.4755***	−6.1106***
	(−7.933)	(−9.218)	(−3.007)	(−4.074)
Year	YES	YES	YES	YES
Industry	YES	YES	YES	YES
Province	YES	YES	YES	YES
N	2170	5249	2170	5249
Adjusted R^2	0.3858	0.2436	0.2031	0.1550

6.6　本章小结

近年来，在企业并购重组快速发展的同时，中国上市公司累积了高额的商誉资产，并且高额商誉资产中蕴含一定程度的商誉泡沫。基于这一现实背景，本章研究了超额商誉对企业创新行为的影响及其作用的机理。研究发现，超额商誉规模越大，会导致企业的创新水平越低。其原因在于：一方面，超额商誉规模越大，会导致企业经营业绩越差，进而对企业创新水平产生负面影响；另一方面，超额商誉规模越大，会使得企业面临更高程度的融资约束，进而对企业创新水平产生负面影响。在进一步的分析中，基于企业截面特征的差异，分别从商誉规模、基金持股水平、产权性质三个视角进行了异质性分析，研究发现超额商誉对企业创新的影响因企业截面特征差异而存在异质性，具体地，超额商誉对企业创新的影响在拥有高额商誉资产的企业、基金持股比例更高的企业以及民营企业中更显著。本章的研究为企业、投资者以及监管当局更深刻地理解超额商誉对企业创新的影响及其产生影响的机理提供了经验证据和重要启示。

第7章 结论与启示

7.1 研究结论

本书从股票错误定价、控股股东股权质押、企业创新三个角度对超额商誉的经济后果进行了详实的探讨，主要研究结论如下。

第一，超额商誉会对股票错误定价产生影响，其产生影响的原因在于超额商誉会对企业信息透明度产生影响。具体来看，上市公司的超额商誉资产规模越大，则其股票错误定价程度越高。其原因在于，上市公司的超额商誉资产越多，会使得其信息透明度降低，进而导致股票错误定价程度越高。在进一步的研究中，还深入分析了超额商誉对股票错误定价影响的具体方向，研究结果表明，上市公司超额商誉规模越大时，越容易导致股价高估并且股价高估程度越高。同时，还进一步研究了高质量审计的调节作用，研究结果表明高质量审计能发挥有效的外部治理机制作用，提高企业的信息透明度，进而降低超额商誉对于股票错误定价程度的影响。最后，研究了高额商誉与超额商誉之间的关联，研究结果表明当企业拥有高额商誉资产时，超额商誉规模更大；在超额商誉与高额商誉存在上述关系的基础上，研究表明超额商誉对股票错误定价的影响在拥有高额商誉资产的上市公司中有所体现，拥有高额商誉资产的上市公司信息透明度更差，进而导致股票错误定价程度更高。

第二，超额商誉会对控股股东股权质押行为产生影响，其产生影响的机理在于股价高估。具体来看，当超额商誉规模更大时，控股股东通过股权质押进行外部融资的规模越大。其产生影响的原因在于超额商誉规模越大，会使得股价高估程度越高，进而使得控股股东股权质押的规模更大。该结果表明超额商誉的支付能为控股股东股权质押创造更为有利的条件，进而导致企业愿意在并购交易中支付更高的成本。在进一步的分析中，研究表明超额商誉对控股股东股权质押行为的影响在拥有高额商誉资产的上市公司中有所体现，即拥有高额商誉资产的上市公司股价高估程度更高，进而使得控股股东股权质押的规模更大；基于审计质量的异质性分析发现，超额商誉对于控股股东股权质押行为的影响在低质量审计组中更显著；基于产权性质的异质性分析发现，相较于国有企业，超额商誉对控股股东股权质押行为的影响在民营企业中更显著。同时，进一步的研究还发现控股股东在超额商誉规模较大时质押股权是高风险行为，因为超额商誉规模越大，会使得股票价格在未来期间大幅下跌的风险增加。

第三，超额商誉会对企业创新行为产生影响，并且超额商誉对企业创新的影响因商誉规模、基金持股水平、产权性质的不同而存在差异。具体来看，超额商誉规模越大，会导致企业的创新水平越低。其原因在于：一方面，超额商誉规模越大，会导致企业经营业绩越差，进而对企业创新水平产生负面影响；另一方面，超额商誉规模越大，会使得企业面临越高程度的融资约束，进而对企业创新水平产生负面影响。在进一步的分析中，基于企业截面特征的差异，分别从商誉规模、基金持股水平、产权性质三个视角进行了异质性分析，研究发现超额商誉对企业创新的影响因企业截面特征差异而存在异质性，超额商誉对企业创新的影响在拥有高额商誉资产的企业、基金持股比例更高的企业以及民营企业中更显著。

7.2 政策建议

近年来，在企业并购重组快速发展的同时，中国上市公司累积了高额的商誉资产，但 2018 年证监会披露的《上市公司年报会计监管报告》直接指出了商誉在初始确认时存在虚高。基于这一现实背景，本书研究了超额商誉对股票错误定价、控股股东股权质押行为以及企业创新的影响及其作用的机理。本书的研究表明，超额商誉导致企业的信息透明度变低，并进一步导致股票错误定价程度变高，使得资本市场定价效率降低。超额商誉的支付能为控股股东股权质押创造更为有利的条件，进而导致企业愿意在并购交易中支付更高的成本。此外，超额商誉已成为企业重要的“安全隐患”，抑制了能够帮助企业形成核心竞争力、推动企业高质量发展的创新活动。同时，基于中国并购重组实践中“高溢价、高商誉”这一背景，进一步分析了高额商誉对股票错误定价以及控股股东股权质押行为的影响，使得本文的研究能更好地服务于中国资本市场的实践。基于上述分析及本书的研究结论，拟从以下四个方面提出政策建议：

第一，监管机构应加强对于并购交易中溢价过高的并购交易的监管，从源头上减少商誉资产虚高的出现。超额商誉不仅会导致企业经营业绩下滑，加剧企业面临的融资约束，而且还会进一步导致企业创新活动的减少。为了避免超额商誉对于企业经营以及创新活动的负面影响，监管机构应对溢价率过高的并购交易保持警惕，使得企业的并购重组能够真正地帮助企业实现高质量发展。

第二，监管机构应加强对于拥有高额商誉资产的上市公司信息披露的监管，重点监控其商誉减值信息的披露。超额商誉对股票错误定价、控股股东股权质押的影响在拥有高额商誉资产的上市公司中更为显著，这种影响与上市公司不及时足额计提商誉减值等行为有一定的关联。为了避免高额商誉对于资本市场定价效率的负面影响，以及为了减少控股股东在企业拥有高额商誉时高风险的股权质押行为，监管机构应加强对于拥有高额商誉资产的上市公司信息披露的监管，进而降低高额商誉对于资本市场定价效率的负面影响，防范控股股东在企业拥有高额商誉资产时质押股权所带来的股权质押爆仓风险。

第三，企业管理层在并购重组交易中，应审慎评估并购标的的价值，并正确认识超额商誉对企业的危害。超额商誉的出现与企业在并购重组交易中高估了并购标的的价值有关。为了避免超额商誉对企业创新水平、资本市场定价效率产生的负面影响以及控股股东在超额商誉规模较大时高风险的股权质押行为,企业在并购重组交易中应理性并购,审慎确定交易对价,并正确认识超额商誉对企业可能带来的负面影响。

第四,投资者应审慎评估拥有高额商誉资产的上市公司的股票价值。拥有高额商誉资产的企业信息透明度更低,股价高估程度也更高。同时,控股股东利用股价高估创造的有利时机进行股权质押,导致商誉与股权双高股的出现,而这类双高股未来大幅下跌的风险更大,一旦股价大幅下跌成为既定事实,投资者将遭受巨大的经济损失。因此,投资者投资拥有高额商誉资产的上市公司的股票时应更加小心谨慎,尽量避免由于信息不对称而做出错误的投资决策。

7.3 研究不足与展望

并购商誉是目前学术界研究的热点问题。在我国上市公司并购重组快速发展的同时,并购商誉存在一定程度的泡沫,即存在超额商誉。因此,深入分析超额商誉对各市场主体以及对资本市场的影响是一个重要且有意义的课题。完整的超额商誉经济后果研究体系应涵盖超额商誉对投资者、股东、债权人、企业内部人、企业外部人等利益相关者决策行为的影响。本书仅从股票错误定价、控股股东股权质押、企业创新三个视角对超额商誉的经济后果进行了翔实的探讨,显然这对于超额商誉经济后果的研究是不全面的,这也意味着对于超额商誉经济后果的研究存在较大的拓展空间。

超额商誉可视为企业在并购重组中支付的高估未来可获得的协同效应的部分,对于超额商誉经济后果的研究还有多个角度是本书尚未涉及的但未来研究可进一步拓展的。例如,超额商誉所高估的未来可获得的协同效应部分通常难以实现，这是否会影响债权人对企业的评价并进一步对企业债权融资产生负面影响呢？若超额商誉会引发企业利益相关者的负面评价，那么企业内部人（例如管理层、股东等）是否存在一些机会主义行为来缓解利益相关者的负面评价呢？同时，超额商誉对于企业外部人（例如证券分析师、媒体等）行为是否存在影响呢？针对上述问题的研究对于理解企业利益相关者的行为规律具有重要意义。

总体来看，对于超额商誉经济后果的研究仍然存在一定的空间，未来可以从多层次多角度进一步拓展超额商誉经济后果的研究，这对于形成更加完善的超额商誉经济后果研究体系以及更深刻地认识超额商誉经济后果具有重要意义。

参考文献

一、中文文献

陈汉文. 强化内部控制,抑制商誉泡沫[N]. 经济观察报,2018-03-19(862).

陈仕华,李维安. 并购溢价决策中的锚定效应研究[J]. 经济研究，2016，51(6)：114-127.

陈思,何文龙,张然. 风险投资与企业创新:影响和潜在机制[J]. 管理世界，2017 (1)：158-169.

丁肖丽. 投资者情绪、意见分歧与股票错误定价:基于中国 A 股市场经验数据[J]. 系统工程，2018，36(3)：24-32.

杜兴强,杜颖洁,周泽将. 商誉的内涵及其确认问题探讨[J]. 会计研究，2011(1)：11-16,95.

冯科,杨威. 并购商誉能提升公司价值吗?:基于会计业绩和市场业绩双重视角的经验证据[J]. 北京工商大学学报(社会科学版)，2018，33(3)：20-32.

冯卫东,郑海英. 企业并购商誉计量与披露问题研究[J]. 财政研究，2013a(8)：29-32.

冯卫东,郑海英. 知识经济下商誉会计:理论诠释与准则改进[J]. 财经问题研究，2013b,(11)：92-96.

傅超,杨曾,傅代国."同伴效应"影响了企业的并购商誉吗?:基于我国创业板高溢价并购的经验证据[J]. 中国软科学，2015(11)：94-108.

高榴,袁诗淼. 上市公司并购重组商誉及其减值问题探析[J]. 证券市场导报，2017(12)：58-64.

郭白滢，周任远. 公开信息、投资期限与股价高估[J]. 财经研究，2019，45(3)：86-99.

郭照蕊，黄俊. 高质量审计与上市公司商誉泡沫[J]. 审计研究，2020(4)：80-89.

韩宏稳，唐清泉. 商誉减值规避、盈余管理与股价崩盘风险[J]. 中国会计评论，2019，17(2)：203-234.

韩宏稳，唐清泉，黎文飞. 并购商誉减值、信息不对称与股价崩盘风险[J]. 证券市场导报，2019(3)：59-70.

郝项超，梁琪，李政. 融资融券与企业创新：基于数量与质量视角的分析[J]. 经济研究，2018，53(6)：127-141.

何瑛，于文蕾，戴逸驰，等. 高管职业经历与企业创新[J]. 管理世界，2019，35(11)：174-192.

胡凡，李科. 股价高估与商誉减值风险[J]. 财经研究，2019，45(6)：71-85.

胡珺，彭远怀，宋献中，等. 控股股东股权质押与策略性慈善捐赠：控制权转移风险的视角[J]. 中国工业经济，2020(2)：174-198.

黄蔚，汤湘希. 合并商誉会增加企业的融资约束吗？[J]. 证券市场导报，2018(12)：32-40，46.

江轩宇，陈玥，于上尧. 股价暴跌风险与企业创新[J]. 南开管理评论，2020，23(3)：200-211.

李晶晶，关月琴，魏明海，等. 商誉、准则与制度：万亿商誉资产之谜[J]. 经济管理，2020(12)：151-167.

李丹蒙，叶建芳，卢思绮，等. 管理层过度自信、产权性质与并购商誉[J]. 会计研究，2018(10)：50-57.

李广子，刘力. 债务融资成本与民营信贷歧视[J]. 金融研究，2009(12)：137-150.

李君平，徐龙炳. 资本市场错误定价、融资约束与公司融资方式选择[J]. 金融研究，2015(12)：113-129.

李科，徐龙炳，朱伟骅. 卖空限制与股票错误定价：融资融券制度的证据[J]. 经济研究，2014，49(10)：165-178.

李旎，郑国坚. 市值管理动机下的控股股东股权质押融资与利益侵占[J]. 会计研究，2015(5)：42-49，94.

李善民，黄志宏，郭菁晶. 资本市场定价对企业并购行为的影响研究：来自中国上市公司的证据[J]. 经济研究，2020，55(7)：41-57.
黎文靖，郑曼妮. 实质性创新还是策略性创新?：宏观产业政策对微观企业创新的影响[J]. 经济研究，2016，51(4)：60-73.
李永伟，李若山. 上市公司股权质押下的“隧道挖掘”：明星电力资金黑洞案例分析[J]. 财务与会计，2007(2)：39-42.
廖珂，崔宸瑜，谢德仁. 控股股东股权质押与上市公司股利政策选择[J]. 金融研究，2018(4)：172-189.
林钟高，丁茂桓. 内部控制缺陷及其修复对企业债务融资成本的影响：基于内部控制监管制度变迁视角的实证研究[J]. 会计研究，2017(4)：73-80，96.
陆蓉，何婧，崔晓蕾. 资本市场错误定价与产业结构调整[J]. 经济研究，2017，52(11)：104-118.
卢煜，曲晓辉. 商誉减值的盈余管理动机：基于中国 A 股上市公司的经验证据[J]. 山西财经大学学报，2016，38(7)：87-99.
卢晓哲，朱南军. 高溢价并购特征与商誉减值及时性：基于并购时管理层过度自信的视角[J]. 经济理论与经济管理，2022，42(8)：73-87.
倪骁然，刘士达. 金融同业活动与实体企业经营风险：来自地区层面同业存单业务的证据[J]. 金融研究，2020(9)：136-153.
潘越，潘健平，戴亦一. 公司诉讼风险、司法地方保护主义与企业创新[J]. 经济研究，2015，50(3)：131-145.
潘红波，饶晓琼，张哲. 并购套利观：来自内部人减持的经验证据[J]. 经济管理，2019(3)：107-123.
任碧云，杨克成. 大股东增持股份动机是择时还是自保?：基于股权质押的经验证据[J]. 财经问题研究，2018(9)：68-75.
任力，何苏燕. 并购溢价对股权质押时机选择影响的经验研究[J]. 会计研究，2020(6)：93-107.
孙瑞泽. 深市公司商誉减值与监管应对分析[J]. 证券市场导报，2020(11)：49-56.
王斌，蔡安辉，冯洋. 大股东股权质押、控制权转移风险与公司业绩[J]. 系统工程理论与实践，2013，33(7)：1762-1773.
魏志华，曾爱民，李博. 金融生态环境与企业融资约束：基于中国上市公司的实证研究[J]. 会计研究，2014(5)：73-80，95.

魏志华,朱彩云.超额商誉是否成为企业经营负担:基于产品市场竞争能力视角的解释[J].中国工业经济,2019(11):174-192.

魏志华,吴育辉,李常青.家族控制、双重委托代理冲突与现金股利政策:基于中国上市公司的实证研究[J].金融研究,2012(7):168-181.

温军,冯根福.异质机构、企业性质与自主创新[J].经济研究,2012,47(3):53-64.

温军,冯根福.风险投资与企业创新:"增值"与"攫取"的权衡视角[J].经济研究,2018,53(2):185-199.

夏常源,贾凡胜.控股股东股权质押与股价崩盘:"实际伤害"还是"情绪宣泄"[J].南开管理评论,2019,22(5):165-177.

谢德仁,郑登津,崔宸瑜.控股股东股权质押是潜在的"地雷"吗?:基于股价崩盘风险视角的研究[J].管理世界,2016(5):128-140,188.

谢纪刚,张秋生.股份支付、交易制度与商誉高估:基于中小板公司并购的数据分析[J].会计研究,2013(12):47-52,97.

徐寿福,邓鸣茂.管理层股权激励与上市公司股票错误定价[J].南开经济研究,2020(2):179-202.

徐寿福,贺学会,陈晶萍.股权质押与大股东双重择时动机[J].财经研究,2016,42(6):74-86.

许罡.企业社会责任履行抑制商誉泡沫吗?[J].审计与经济研究,2020,35(1):90-99.

杨道广,陈汉文,刘启亮.媒体压力与企业创新[J].经济研究,2017,52(8):125-139.

杨威,冯璐,宋敏,等.锚定比率可以衡量股价高估吗?:基于崩盘风险视角的经验证据[J].管理世界,2020,36(1):167-186,241.

杨威,宋敏,冯科.并购商誉、投资者过度反应与股价泡沫及崩盘[J].中国工业经济,2018(6):156-173.

叶永卫,李增福,骆欣怡.经营业绩、产权性质与企业创新投资[J].华东经济管理,2018,32(12):164-173.

游家兴,吴静.沉默的螺旋:媒体情绪与资产误定价[J].经济研究,2012,47(7):141-152.

张东旭,曹瑾.高管变更与商誉减值[J].中南财经政法大学学报,2020(3):25-34.

张俊民,毛玥,宋婕.媒体负面报道与商誉减值及时性:基于治理效应与市场压力的实证检验[J].财经论丛,2022(5): 79-88.

张海晴,文雯,宋建波. 并购业绩补偿承诺与商誉减值研究[J]. 证券市场导报, 2020(9): 44-54,77.

张萍,周昕雨. 超额商誉、审计师行业专长与商誉减值[J/OL]. 重庆工商大学学报(社会科学版): 1-10[2023-02-07]. http: //kns.cnki.net/kcms/detail/50.1154.C.20201126.1352.004.html.

张新民,卿琛,杨道广. 内部控制与商誉泡沫的抑制:来自我国上市公司的经验证据[J]. 厦门大学学报(哲学社会科学版), 2018(3): 55-65.

张新民,卿琛,杨道广. 商誉减值披露、内部控制与市场反应:来自我国上市公司的经验证据[J]. 会计研究, 2020(5): 3-16.

张新民,卿琛.商誉减值隐藏、内部控制与股价崩盘风险:来自我国 A 股上市公司的经验证据[J].吉林大学社会科学学报,2022,62(2): 82-95, 236-237.

张璇,刘贝贝,汪婷, 等. 信贷寻租、融资约束与企业创新[J]. 经济研究, 2017, 52(5): 161-174.

郑海英,刘正阳,冯卫东. 并购商誉能提升公司业绩吗?:来自 A 股上市公司的经验证据[J]. 会计研究, 2014(3): 11-17,95.

中国证券监督管理委员会. 2016 年上市公司年报会计监管报告[EB/OL]. [2021-5-21] http://www.csrc.gov.cn/pub/newsite/kjb/gzdt/201707/t20170717_320562. html, 2017-07-17.

中国证券监督管理委员会. 2017 年上市公司年报会计监管报告[EB/OL]. [2021-5-21]http://www.csrc.gov.cn/pub/newsite/kjb/gzdt/201808/t20180803_342219. html, 2018-08-03.

中国证券监督管理委员会. 2018 年上市公司年报会计监管报告[EB/OL]. [2021-5-21] http://www.csrc.gov.cn/pub/newsite/zjhxwfb/xwdd/201907/t20190726_359799. html, 2019-07-26.

中华人民共和国财政部. 企业会计准则第 8 号——资产减值[EB/OL]. [2021-5-23] http://kjs.mof.gov.cn/zhuantilanmu/kuaijizhuanzeshishi/200806/t20080618_46228. html, 2006-02-15.

中华人民共和国财政部. 企业会计准则第 20 号——企业合并[EB/OL]. [2021-5-23]http://kjs.mof.gov.cn/zhuantilanmu/kuaijizhuanzeshishi/

200806/t20080618_46228.html，2006-02-15.

周泽将，胡刘芬，马静，等. 商誉与企业风险承担[J]. 会计研究，2019(7)：2-26.

朱冰，张晓亮，郑晓佳. 多个大股东与企业创新[J]. 管理世界，2018，34(7)：151-165.

二、英文文献

AKERLOF G A. The market for lemons: quality, uncertainty and the market mechanism[J]. The quarterly journal of economics, 1970, 84(3): 488-500.

AMORE M D, SCHNEIDER C, ŽALDOKAS A. Credit supply and corporate innovation[J]. Journal of financial economics, 2013, 109(3): 835-855.

ANDRADE S C, BIAN J, BURCH T R. Analyst coverage, information, and bubbles[J]. Journal of financial and quantitative analysis, 2013, 48(5): 1573-1605.

ASHBAUGH-SKAIFE H, COLLINS D W, KINNEY JR W R, et al. The effect of SOX internal control deficiencies on firm risk and cost of equity[J]. Journal of accounting research, 2009, 47(1):1-43.

BAKER M, STEIN J C, WURGLER J. When does the market matter? Stock prices and the investment of equity-dependent firms[J]. The quarterly journal of economics, 2003, 118(3).

BROWN J R, FAZZARI S M, PETERSEN B C. Financing innovation and growth: cash flow, external equity, and the 1990s R&D boom[J]. The journal of finance, 2009, 64(1): 151-185.

CAGGESE A. Entrepreneurial risk, investment, and innovation[J]. Journal of financial economics, 2012, 106(2): 287-307.

CHAN K, CHEN H K, HU S Y, et al. Share pledges and margin call pressure[J]. Journal of corporate finance, 2018: 52.

CHAUVIN K W, HIRSCHEY M. Goodwill, profitability, and the market value of the firm[J]. Journal of accounting and public policy, 1994, 13(2): 159-180.

CHAVA S, OETTL A, SUBRAMANIAN A, et al. Banking deregulation and innovation[J]. Journal of financial economics, 2013, 109(3): 759-774.

COASE R. The nature of the firm[J]. Economica, 1937, 4(16): 386-405.

CUCCULELLI M, ERMINI B. Risk attitude, product innovation, and firm growth. Evidence from Italian manufacturing firms[J]. Economics letters, 2013, 118(2): 275-279.

DARROUGH M N, GULER L, WANG P. Goodwill impairment losses and CEO compensation[J]. Journal of accounting, auditing & finance, 2014, 29(4): 435-463.

DECHOW P M, SLOAN R G, HUTTON A P. Detecting earnings management[J]. Accounting review, 1995, 70(2): 193-225.

FRANCIS J R, YU M D. Big 4 office size and audit quality[J]. The accounting review, 2009, 84(5): 1521-1552.

GLAUM M, LANDSMAN W R, WYRWA S. Goodwill impairment: the effects of public enforcement and monitoring by institutional investors[J]. The accounting review, 2018, 93(6): 149-180.

GU F, LEV B. Overpriced shares, ill-advised acquisitions, and goodwill impairment[J]. The accounting review, 2011, 86(6): 1995-2022.

HALL B H, HARHOFF D. Recent research on the economics of patents[J]. Annual review of economics, 2012, 4(1): 541-565.

HAN H, TANG Q. The potential harms of goodwill impairment avoidance: evidence based on future performance and stock prices[J]. China journal of accounting research, 2020, 13(3): 271-289.

HAYN C, HUGHES P J. Leading indicators of goodwill impairment[J]. Journal of accounting, auditing & finance, 2006, 21(3): 223-265.

HENNING S L, LEWIS B L, SHAW W H. Valuation of the components of purchased goodwill[J]. Journal of accounting research, 2000, 38(2): 375-386.

HIRSHLEIFER D, LOW A, TEOH S H. Are overconfident CEOs better innovators?[J]. The journal of finance, 2012, 67(4): 1457-1498.

HONG H, SCHEINKMAN J, XIONG W. Asset float and speculative bubbles[J]. The journal of finance, 2006, 61(3): 1073-1117.

HUTTON A P, MARCUS A J, TEHRANIAN H. Opaque financial report, R2, and crash risk[J]. Journal of financial economics, 2009, 94(1): 67-86.

JARVA H. Economic consequences of SFAS 142 goodwill write-offs[J]. Accounting & finance, 2014, 54(1): 211-235.

JENSEN M C. Agency costs of free cash flow, corporate finance, and takeovers[J]. The American economic review, 1986, 76(2): 323-329.

JENSEN M C, MECKLING W H. Theory of the firm: managerial behavior, agency costs and ownership structure [J]. Journal of financial economics, 1976, 3(4): 305-360.

JIN L, MYERS S C. R^2 around the world: new theory and new tests[J]. Journal of financial economics, 2006, 79(2): 257-292.

KORTUM S, LERNER J. Assessing the contribution of venture capital [J]. The rand journal of economics, 2000, 31(4): 674-692.

LI K K, SLOAN R G. Has goodwill accounting gone bad?[J]. Review of accounting studies, 2017, 22(2): 964-1003.

LI Z, SHROFF P K, VENKATARAMAN R, et al. Causes and consequences of goodwill impairment losses [J]. Review of accounting studies, 2011, 16(4): 745-778.

MALMENDIER U, TATE G. Who makes acquisitions? CEO overconfidence and the market's reaction[J]. Journal of financial economics, 2008, 89(1): 20-43.

MUKHERJEE A, SINGH M, ŽALDOKAS A. Do corporate taxes hinder innovation? [J]. Journal of financial economics, 2017, 124 (1): 195-221.

MYERS J N. Implementing residual income valuation with linear information dynamics[J]. The accounting review, 1999, 74(1): 1-28.

OUYANG C, XIONG J, FAN L. Do insiders share pledging affect executive pay-for-performance sensitivity?[J]. International review of economics & finance, 2019: 63.

PANTZALIS C, PARK J C. Agency costs and equity mispricing[J]. Asia-Pacific journal of financial studies, 2014, 43(1): 89-123.

POLK C, SAPIENZ P. The stock market and corporate investment: a test of catering theory[J]. The review of financial studies, 2009, 22(1).

RAMANNA K. The implications of unverifiable fair-value accounting: evidence from the political economy of goodwill accounting[J]. Journal of accounting and economics, 2008, 45(2): 253-281.

RAMANNA K, WATTS R L. Evidence on the use of unverifiable estimates in required goodwill impairment[J]. Review of accounting studies, 2012, 17(4): 749-780.

RHODES-KROPF M, ROBINSON D T, VISWANATHAN S. Valuation waves and merger activity: the empirical evidence[J]. Journal of financial economics, 2005, 77(3): 561-603.

ROTHSCHILD, STIGLITZ. Equilibrium in competitive insurance markets: an essay in the economics of incomplete information[J]. Quarterly journal of economics, 1976, 90: 624-649.

SHLEIFER A, VISHNY R W. Stock market driven acquisitions[J]. Journal of financial econmics, 2003, 70(3): 295-311.

SIMON H A. Models of bounded rationality[M]. Cambirdge: MIT Press, 1982.

SPENSE M. Job market signaling[J]. The quarterly journal of economics, 1973, 87(3): 355-374.

STEIN J C. Rational capital budgeting in an irrational world[J]. The journal of business, 1996, 69(4): 429-455.

WANG Y C, CHOU R K. The impact of share pledging regulations on stock trading and firm valuation[J]. Journal of banking & finance, 2018.

XIE W, YE C, WANG T, et al. M&A goodwill, information asymmetry and stock price crash risk[J]. Economic research-ekonomska istraživanja, 2020, 33(1): 3385-3405.

XU L, GUAN Y, FU Z, et al. Peer effect in the initial recognition of goodwill[J]. China journal of accounting research, 2020, 13(1): 57-77.

YUAN R, WEN W. Managerial foreign experience and corporate innovation[J]. Journal of corporate finance, 2018, 48: 752-770.

ZEFF S A. The rise of "economic consequences"[J]. Journal of accountancy, 1978, (6): 56-63.